# DE LA
## PRÉSOMPTION LÉGALE
### DE
# PATERNITÉ

D'APRÈS
## LE DROIT ROMAIN, L'ANCIEN DROIT
## ET LE CODE CIVIL

> « L'obligation naturelle qu'a le père de
> nourrir ses enfants a fait établir le ma-
> riage, qui déclare celui qui doit remplir
> cette obligation...
> « Chez les peuples bien policés, le père
> est celui que les lois, par la cérémonie du
> mariage, ont déclaré devoir être tel, parce
> qu'elles trouvent en lui la personne qu'elles
> cherchent.
>
> (MONTESQUIEU, de l'esprit des lois, livre
> XXIII, chapitre II.)

PAR

## GEORGES COSTE

Docteur en Droit
Juge au Tribunal civil de Nantua

## PARIS
### LIBRAIRIE NOUVELLE DE DROIT ET DE JURISPRUDENCE
## ARTHUR ROUSSEAU, ÉDITEUR
14, RUE SOUFFLOT, ET RUE TOULLIER, 13

1884

# DE LA
# PRÉSOMPTION LÉGALE
## DE PATERNITÉ

# DE LA
## PRÉSOMPTION LÉGALE
### DE
# PATERNITÉ

D'APRÈS

## LE DROIT ROMAIN, L'ANCIEN DROIT
## ET LE CODE CIVIL

> « L'obligation naturelle qu'a le père de
> « nourrir ses enfants a fait établir le ma-
> « riage, qui déclare celui qui doit remplir
> « cette obligation...
> « Chez les peuples bien policés, le père
> « est celui que les lois, par la cérémonie du
> « mariage, ont déclaré devoir être tel, parce
> « qu'elles trouvent en lui la personne qu'elles
> « cherchent.
>
> (Montesquieu, de l'esprit des lois, livre xxiii, chapitre ii.)

PAR

# GEORGES COSTE

Docteur en Droit

Juge au Tribunal civil de Nautua

PARIS

LIBRAIRIE NOUVELLE DE DROIT ET DE JURISPRUDENCE

## ARTHUR ROUSSEAU, ÉDITEUR

14, RUE SOUFFLOT, ET RUE TOULLIER, 13

1884

# DROIT ROMAIN

## CHAPITRE PREMIER

### ÉTENDUE DE LA PRÉSOMPTION DE PATERNITÉ

### SOMMAIRE

1. — Règle *pater is est quem nuptiæ demonstrant*.
2. — La loi 5 *de in jus voc.* Dig. a-t-elle une portée générale ? Opinion de MM. Ducaurroy, Bonnier et Roustaing.
3. — Réfutation ; l. 6, liv. I tit. 6, dig.
4. — Suite ; l. 1. §. 15 *de agnosc.* dig. loi 9 au Code l. 8. tit. 47.
5. — La règle *pater is est* s'appliquait-elle au concubinat ? Théorie de M. Gide sur cette institution.
6. — Cette théorie n'est pas admise, par suite la question se pose encore.
7. — Suite. Les anciens interprètes disaient : *pater is est quem nuptiæ demonstrant, vel concubinatus*.
8. — Les *liberi naturales* du droit classique n'étaient pas les enfants issus du concubinat.
9. — Il n'existait pas de condition intermédiaire entre celle de *justus* et celle de *spurius*.
10. — La présomption *pater is est...* ne s'étendait donc pas au concubinat.
11. — Objection tirée de la *bonorum possessio unde cognati*. — Refutation.
12. — Suite.
13. — Autre objection tirée des lois caducaires.

14. — Réfutation.

15. — Justification rationnelle de notre système.

16. — La présomption n'existait pas relativement à l'enfant né de *nuptiæ* contractées au mépris d'un empêchement légal.

17. — Suite ; cas où le mari n'avait pas atteint l'âge de puberté.

18. — Suite ; cas où le consentement des époux était vicié.

19. — Suite ; cas où les *nuptiæ* avaient été contractées sans le consentement du *pater familias*.

20. — Suite ; *nuptiæ* contractées au mépris d'un empêchement de parenté.

21. — *Nuptiæ* contractées au mépris d'autres empêchements.

22. — La bonne foi des conjoints ne prévenait pas ce résultat. Il n'existait pas de mariage putatif à Rome.

23. — La présomption s'appliquait au *matrimonium injustum*.

24. — Résumé.

---

1. — La paternité ne saurait s'établir directement, l'existence du mariage doit la faire présumer. Les Romains n'avaient eu garde de méconnaître cette règle, aussi ancienne que l'institution sur laquelle elle repose. Il existe au Digeste un texte célèbre, qui est devenu, avec le temps, l'expression la plus usuelle du principe. Voici dans quelles circonstances le jurisconsulte l'énonce.

Le préteur avait défendu aux enfants d'appeler leurs parents en justice, sans avoir obtenu une autorisation préalable[1]. Paul, commentant cette disposition, pré-

---

[1] Parentem sine permissu meo in jus ne quis vocet (L. 4, dig. 2-4).

cise à quelle personne s'applique le mot *parens*. Quant à la mère, aucune difficulté ne se présente. Elle est toujours certaine, quoique l'enfant soit né hors du mariage : *semper certa est etiamsi vulgo conceperit*. Au contraire, il serait impossible de déterminer le père avec certitude. Devant cette situation, la loi est obligée de le désigner elle-même, ce sera l'époux de la mère : *pater is est quem nuptiæ demonstrant*. (l. 5, dig. 2-4).

2. — Ce texte énonce-t-il une règle générale, à propos d'une hypothèse déterminée, ou bien au contraire, édicte-t-il une présomption absolument spéciale à cette hypothèse, et que l'on n'aurait pas le droit de généraliser ? Jusqu'à notre époque, cette question n'avait même pas été posée. Tous les interprètes avaient donné à la phrase de Paul une portée générale ; tous s'étaient accordés à reconnaître, que la présomption *pater is est* était un principe dominant en droit romain. De nos jours, cependant, ce point a été contesté. Trois auteurs, dont l'autorité est considérable[1], ont nié l'existence de cette règle dans la jurisprudence romaine. « A Rome, d'après eux, le mari était libre de « reconnaître ou de ne pas reconnaître les enfants de « sa femme. » C'est dire que la paternité du mari n'était pas présumée. Si celui-ci la déniait, l'enfant devait le traduire en justice et apporter les preuves de sa filiation. Voyons sur quels arguments repose cette nouvelle théorie à laquelle aucun interprète n'a jugé à propos de se rallier.

3. — Les auteurs du *Commentaire* citent en premier lieu, à l'appui de leur thèse, la loi 6, tit. *de his*

---

[1] Ducaurroy, Bonnier et Roustaing (comment. du Code Civil. t, 1 p. 228.)

*qui sui vel alieni juris...* 6 *dig.* l. I, t. 6. Malheureusement bornés par le cadre étroit de leur ouvrage, ils ne font pas valoir les motifs qu'ils en tirent. Devonsnous l'avouer, il nous est impossible de comprendre comment ils pourraient le faire. Si nous cherchions des textes pour combattre leur système, c'est celui-là que nous citerions en premier lieu. « *Filium enim defi-* «*nimus qui ex viro et uxore ejus nascitur. Sed si finga-* « *mus abfuisse maritum, verbi gratia per decennium,* « *reversum anniculum invenisse in domo sua : placet* « *nobis Juliani sententia, hunc non esse mariti filium.*»

Jusqu'à présent, rien ne prouve dans ce texte que la présomption *pater is est* n'existe pas. Bien au contraire, Ulpien indique un cas exceptionnel, dans lequel le mari ne sera point présumé père de l'enfant né de sa femme ; nous devons *a contrario* décider que, dans les cas ordinaires, le législateur doit déclarer l'enfant né de ses œuvres. Mais poursuivons : « *Non* « *tamen ferendum Julianus ait eum qui cum uxore* « *sua assidue moratus nolit filium agnoscere quasi non* « *suum.* » Ces lignes réfutent entièrement l'opinion qui les invoque ; elles affirment de la manière la plus énergique cette présomption de paternité, que le mari ne pourra attaquer, si une impossibilité évidente de cohabitation n'est pas démontrée. La suite du texte confirme pleinement notre manière de voir. Elle indique, d'après Scavola, d'autres exemples de cas dans lesquels la présomption pater is est peut être exceptionnellement détruite.

4. — Un autre argument est proposé par le système adverse. Il repose sur le §. 15 du fr. I, *de agnosc.* dig. 25-3. Il nous est impossible d'expliquer ce texte dès maintenant. L'espèce qu'il prévoit se rapporte à une

hypothèse particulière, celle où le divorce a mis fin au mariage. Oui, le mari peut dans cette hypothèse *recusare filium*, mais nous démontrerons plus tard que cette *recusatio* se produit, parce que la filiation maternelle de l'enfant n'est point établie. Dans ce cas, en effet, il ne saurait être question d'appliquer la présomption de paternité.

Enfin pour mettre un terme à cette discussion, citons un texte du code qui confirme entièrement notre théorie, c'est la loi 9 de patr. pot. code, 8-47. *Nec filium negare cuiquam esse liberum, senatus consulta de partu agnoscendo etc... manifeste declarant*. On ne saurait exiger en termes plus formels la consécration du principe. Il est donc bien démontré que la règle posée par Paul, dans la loi 5, possède une partie absolument générale.

5. — Une autre question fort importante se pose sur notre loi 5. Elle fait uniquement mention des *nuptiæ*, des *justes noces*. Or, il existait chez les Romains une institution inférieure à la précédente, c'était le *concubinatus*. La présomption *pater is est* s'appliquait-elle à l'enfant né d'une concubine ? Tel est le point que nous allons developper. Mais il est nécessaire, auparavant, de jeter un coup d'œil rapide sur deux théories auxquelles le concubinat a donné lieu.

En l'année 1880, M. Gide a présenté à l'académie des sciences morales et politiques un mémoire original sur cette matière. Rompant avec le système admis universellement jusqu'à cette époque, l'éminent professeur s'est efforcé de prouver que les interprètes avaient eu tort de voir dans le *concubinatus* une union juridique réglementée par les lois. Il rejette le nom de concubinat, disant que la véritable traduction du mot latin est concubinage. Les lois caducaires, contrairement à l'opinion générale, n'auraient pas innové sur ce point. Voici les points fondamentaux de son système.

L'Empereur Auguste, voyant les progrès du libertinage à Rome, résolut de l'enrayer par des mesures législatives : de là, la loi *Julia de pudicitia*. Cette disposition divisait les femmes romaines en deux classes ; d'une part les matrones, les *matres familias* dont l'honnêteté doit être entière et l'*existimatio* intacte ; de l'autre, les femmes que le législateur plaçait, pour diverses raisons, dans une situation inférieure. Nous trouvons parmi ces dernières, les esclaves, les affranchies, celles qui doivent le jour à une union irrégulière et sont *sine patre* aux yeux de la loi. Elles sont classées dans cette catégorie inférieure, par l'effet même de leur naissance. Il en est d'autres qui y tombent par suite d'une déchéance : ce sont celles qui exercent une profession ou un métier contraire à la *dignitas matronalis*, par exemple, les femmes qui vendent au marché, qui tiennent boutique ou auberge, les actrices, les entremetteuses, les courtisanes. « Pour toutes ces femmes, dit M. Gide, (nouvelle revue historique, 1880), la loi se montrait aussi indulgente, qu'elle était sévère pour les matrones. » Le commerce avec les matrones constituait un *stuprum*, crime sévèrement réprimé par la loi ; avec les femmes de la seconde classe, il devenait un simple fait étranger, indifférent au législateur: c'était le *conculcinatus*, le concubinage. Si donc la loi avait créé un nom pour cette union, « *per leges nomen assumpsit* », c'est uniquement pour distinguer l'acte punissable de l'acte sur lequel la justice devait fermer les yeux.

Telle est en principe la donnée de M. Gide. Tirant les conclusions logiques de son système, le savant professeur ajoute : « Tout enfant né hors mariage « est au point de vue légal un enfant sans père. » Il doit le jour à un commerce que le législateur ignore, et au sujet duquel il ne saurait édicter aucune présomption. Comment donc pourrait-on le faire bénéficier d'une régle applicable aux *justæ nuptiæ*, seule institution qui présente les garanties de la légitimité?

6. — Si l'on admet l'opinion de M. Gide, la question que nous examinons se trouve immédiatement tranchée. Malheureusement, le savant auteur n'a point entraîné les jurisconsultes à sa suite, et il semble probable que les idées reçues jusqu'à aujourd'hui ne se modifieront point. Le concubinat continuera à être considéré, (à moins que des documents nouveaux ne soient découverts), comme une institution juridique créée par les lois caducaires. Il restera comme une de ces originalités de la civilisation romaine, qu'il nous est actuellement impossible de comprendre et de justifier. C'est ainsi que l'ont envisagé tous les interprètes anciens et modernes. Dernièrement même, M. Giraud avait entrepris de combattre l'idée de M. Gide dans un travail publié par le *Journal des savants* en 1881 et resté inachevé.

Quoi qu'il en soit de cette question, nous devons déclarer qu'elle ne préjuge pas absolument celle que nous avons à trancher. S'il est évident que le système de M. Gide conduit fatalement à ne point appliquer au *concubinatus* la présomption *pater is est*, il n'est pas nécessairement vrai que l'opinion contraire nous oblige à l'étendre à cette hypothèse. En conséquence, recherchons quelle est la solution de ce dernier point, sans nous laisser autrement influencer par les deux théories précédentes, que pour puiser chez leurs défenseurs les arguments et les textes propres à trancher la question qui nous occupe.

7. — Quand on étudie la condition des enfants nés hors mariage, on trouve chez les interprètes une division si naturelle an premier abord, qu'on ne recherche point le texte qui l'établit. Ces liberi *non justi* sont partagés en deux classes : dans la première se trouvent les *spurii*[1] ou *vulgo concepti*. Ce sont les enfants qui ne jouissent que d'une filiation maternelle et dont la loi ne reconnaît point le père.

La seconde classe comprendrait les *liberi naturales*. Ceux-ci seraient les enfants issus du concubinat. La différence de nom entre ces deux catégories proviendrait de ce que les premiers ne peuvent avoir de filiation paternelle, tandis que les seconds se trouveraient rattachés à un père certain aux yeux de la loi. De cette division, il résulterait, en conséquence, que la présomption *pater is est* s'étendrait au concubinat. Les anciens interprètes modifiaient même ainsi le texte de Paul : pater is est quem nuptiæ demonstrant, *vel concubinatus.*

8. — Or, cette distinction des liberi non justi, que l'on est si facilement porté à admettre, ne rencontre aucun fondement dans les textes. Il est impossible

---

[1] Plutarque (questions romaines n₀ 103) rapporte l'étymologie de ce mot. A l'origine pour distinguer les bâtards des enfants légitimes les romains faisaient précéder leur nom des lettres *s. p.* (*sine patre*). D'autre part le nom propre de *S purius* s'indiquait de la même manière. Avec le temps la confusion se serait produite et l'on serait arrivé à faire du nom *Spurius* un mot synonime de *vulgo conceptus.* — Gaius comm. 1 §. 64 donne une autre étymologie.

d'opposer ainsi les *liberi naturales* aux *spurii* ou *vulgo concepti*[1].

En effet, on trouve les mots *liberi naturales* pris dans des acceptions très-diverses. Ulpien dans ses règles (tit. 8, §. 1) s'exprime ainsi : « non tantum natu-« rales liberi in potestate parentum sunt, sed etiam adoptivi. » L'expression, dans l'espèce, est opposée à celle d'enfants adoptifs, elle s'applique à ceux qui sont nés *ex justis nuptiis*. Le même jurisconsulte emploie autre part ces mots dans le même sens.(V.regulæ 28-3).

Il existe d'ailleurs une inscription rapportée par Heineceius. C'est l'épitaphe d'un enfant né hors mariahe qui est désigné par les deux termes, *spurius* et *filius naturalis* qui dans l'espèce deviennent synonimes l'un de l'autre.

Enfin d'autres textes, et ce sont les plus nombreux, appliquent cette expression de *liberi naturales*, aux enfants issus d'un *contubernium*, c'est-à-dire d'un commerce existant soit entre deux esclaves, soit entre une personne libre et un esclave. Voyez en ce sens, la loi 88 §. 12, de legatis II, dig. qui est formelle : *naturales liberos id est in servitute quæsitos*. La loi 33, ad leg. Aq. dig. 9-2 s'exprime d'une manière identique. Il en est de même d'autres textes fort nombreux cités par M. Gide. (op. cit. p. 415).

---

[1] Il est bien entendu, que nous ne nous occupons ici, que de ce qui existait au droit classique. — Sous le bas-empire on voit en effet apparaître des liberi naturales, avec un sens correspondant à celui de notre expression : enfants naturels. — D'ailleurs, cela est indifférent pour notre question, car à partir de ce moment, le concubinat perdit son caractère légal, et nos adversaires disent eux-mêmes : « Constantin assimila à des spurii les enfants qui à l'avenir pourraient naître du concubinat, » (Pilette — Lettre à M. de Rozière p. 67.

9. — Ainsi, à l'époque des jurisconsultes, le mot *filius naturalis* était simplement général, et n'avait point un sens déterminé, comme le soutiennent les auteurs qui veulent étendre la présomption de paternité au concubinat. Tout enfant né en dehors des justes noces, était *spurius*. Ce point, indépendamment de ce que nous venons de dire, paraît établi par deux autres textes. Ce sont, en premier lieu, les fr. 2 et 4 du liv. 38 tit 8 au digeste. Lorsqu'il est question d'accorder la *bonorum possessio unde cognati* aux cognats, et par conséquent aux enfants nés hors mariage, soit entre eux, soit dans leurs rapports avec leur mère, on ne se sert également que du terme spurius. En second lieu, la loi 2 §. 1 ad se. Tertull. au digeste, semble bien lever tous les doutes : « *filium autem vel filiam accipere debemus, sive juste sint procreati vel vulgo quæsiti*, » elle oppose absolument les *vulgo quæsiti* aux *justi*. (V. encore 1. 3 §. 2 dig. 50-2).

La distinction de nos adversaires n'est donc point fondée ; c'est commettre un anachronisme, que de désigner des enfants issus du concubinat, à l'époque classique, par les mots *liberi naturales*. Cette expression n'a été entendue en ce sens que sous le Bas Empire.

10. — La conclusion est facile à tirer. Si les enfants issus en dehors des justæ nuptiæ étaient tous classés dans l'unique catégorie des *spurii*, la présomption *pater is est* ne s'appliquait point au concubinat. D'ailleurs, cette solution est pleinement confirmée par les textes principaux que nous avons déjà cités : « filium eum definimus qui ex viro et *uxore* ejus nascitur » — « Pater is est quem *nuptiæ* demonstrant. » L'opinion contraire conduit inévitablement à faire, comme les

anciens commentateurs, une correction, ou plutôt une addition au texte de Paul : *vel concubinatus*. C'est un droit qui dépasse celui de l'interprète.

11. — Cependant deux objections sont adressées à notre théorie ; tâchons de les réfuter.

On dit, en premier lieu, que l'enfant issu du concubinat fut gratifié par le préteur de la *bonorum possessio unde cognati* sur les biens du concubin de sa mère. Ce fait obligerait à admettre que la paternité de ce dernier était présumée. Un certain nombre d'interprètes ont adopté cette opinion, mais ils ne peuvent la justifier par aucun texte. M. Accarias lui-même, (t. 2 page 108) pense qu'il en était ainsi, tout en reconnaissant ne trouver aucune preuve dans les fragments qui nous sont parvenus. Rien n'est donc moins fondé que cette objection.

En effet, dans le titre *unde cognati* (38-8 dig.) où cette *bonorum possessio* est traitée, on ne rencontre pas une seule phrase permettant de penser, un instant, qu'elle sera accordée à l'enfant né hors mariage sur les biens de son père. Les §. 2 et 4 ne s'appliquent qu'aux rapports entre cet enfant et ses parents maternels. Si les liens de la cognation l'avaient rattaché à la ligne paternelle, les jurisconsultes en auraient certainement fait mention, et nous en trouverions la trace dans ce titre 8.

12. — De plus, il semble bien résulter de la nouvelle 89 chapitre xii, qu'avant Justinien, les enfants issus *ex concubinatu* n'avaient aucun droit dans la succession de leur père. On conteste, il est vrai, que le temps antérieur auquel ce chapitre fait allusion, soit l'époque classique ; mais, étant données toutes les considérations que nous faisons valoir, il est bien vraisemblable de le croire.

D'ailleurs, il existe un argument a fortiori qui paraît concluant. L'enfant issu du concubinat n'avait certainement pas le droit de demander des aliments à son père, durant la vie de ce dernier. La loi 5 §. 6 *de agnosc.* (dig. 25-3) ne laisse subsister aucun doute à cet égard. Un père, dit Ulpien, est tenu de nourrir sa fille, mais seulement au cas où il est prouvé qu'elle est légitime. *Si constiterit apud judicium juste eam procreatam.* Comment aurait-on songé, dès lors, à reconnaître à cet enfant un droit de succession sur les biens de son père prédécédé? Si l'on avait voulu améliorer sa situation, on aurait commencé par lui accorder une action alimentaire. Cela paraît de toute évidence.

Enfin, notre opinion concorde parfaitement avec la nature de ce lien que les Romains avaient appelé *la cognatio.* « Ils se faisaient, dit M. Gide (op. cit.) de la « cognation une idée plus étroite et plus grossière « qu'on ne pense. De même qu'il n'y avait à leurs yeux « de parenté civile que par les hommes, il ne pouvait y « avoir de parenté naturelle que par les femmes. » Ces paroles sont corroborées par des textes formels... *cum agnatio a patre cognatio sit a matre.* Voyez encore l. 4 §. 2 et l. 10 §. 2 de grad. cogn. 38-10 digeste.

13. — La seconde objection est tirée d'un ordre d'idées analogues. Elle repose sur un système brillamment soutenu par M. Pilette dans sa lettre à M. de Rozière sur le concubinat chez les romains.

On sait ce qu'étaient les lois caducaires destinées à enrayer une diminution inquiétante de la population. Elles privaient sous certaines distinctions les célibataires ou les *orbi* (personnes mariées mais sans enfants) de la capacité successorale que leur accordait le droit civil. En revanche, les parts qui leur étaient enlevées, se trouvaient attribuées à leurs héritiers ou à leurs légataires *patres*. Or, le concubinat fut très-probablement réglementé par les lois caducaires, et certains auteurs soutiennent que les enfants nés de cette union, servaient à leur père, soit pour le préserver des déchéances édictées par les *leges*, soit pour lui conférer le droit aux avantages qu'elles créaient.

Si ce point était démontré, il faudrait admettre que la présomption de paternité s'étendait sans doute au concubinat ; mais nous ne saurions embrasser cette théorie. Elle ne possède aucun argument sérieux. Bien au contraire, les textes fournis par ses partisans, loin d'être favorables à leur cause, militent à l'envi pour la combattre.

L'argument le plus fort est tiré du §. 194 des fragments du Vatican. Il s'agit des motifs qui peuvent excuser de la tutelle. Un certain nombre d'enfants en dispense et le jurisconsulte ajoute : « *Justi autem an injusti sint filii non requiritur.* » D'après nos adversaires ces *injusti liberi* seraient précisément ceux qui proviennent du concubinat.

Voici un autre texte se rapportant à la même matière.

« *Si instrumentis probas habere te justos tres liberos* « *excusationem tuam Manilius Carbo prætor, vir clarissimus accipiet.* Sed justorum mentio ita accipien- « da est uti secundum jus civile quæsiti sint. »

On prétend encore que ce texte comprend les enfants nés du concubinat, car cette institution a été réglementée par les lois ; on pourrait donc affirmer que *secundum jus civile quæsiti sunt*. Le raisonnement est facile à faire maintenant. Si l'on tient compte de cette progéniture au père pour l'excuser de la tutelle, on doit évidemment l'en faire profiter, pour lui accorder les faveurs des lois caducaires, ou pour lui éviter leurs déchéances.

14. — Nous contestons absolument le point de départ de ce raisonnement, et nous prétendons que les enfants nés d'un concubinat ne pouvaient servir à leur père pour l'affranchir de la tutelle.

Le fragment 194 parle en effet des *filii injusti*, mais il n'entend point par là ceux dont nous nous occupons. On désigne, par cette expression, les enfants qui doivent le jour au *matrimonium injustum*. Tel est l'avis de l'immense majorité des interprètes et l'explication fournie par nombre de textes. Cette dernière union était bien supérieure au concubinat : c'était le mariage du droit des gens le *matrimonium sine connubio*. Il est donc impossible de confondre les liberi injusti avec ceux qui proviennent du *concubinatus*.

Quant à la seconde citation, (§ 168. frag. vat.) elle est en contradiction flagrante avec la précédente. D'après l'une, les enfants du concubinat seraient *injusti*, d'après l'autre ils rentreraient parmi les *justi*. Vouloir admettre cette dernière solution serait d'ailleurs s'insurger contre une multitude de textes, qui démontrent péremptoirement, que l'expression *filii justi* s'applique exclusivement à ceux qui doivent leur naissance aux *justæ nuptiæ*.

Ainsi, les enfants issus du concubinat ne pouvaient servir d'excuse à leur père en matière de tutelle[1], pas

---

[1] Cela ressort encore de cette phrase de Modestin : legitimos autem liberos esse oportet etsi non sint in potestate (l. 2 §. 4 dig. 27-1).

plus qu'ils ne pouvaient lui profiter au point de vue des prescriptions des lois caducaires.

15. — Voilà les deux objections écartées ; notre système doit être le vrai. Concluons en conséquence que la règle *pater is est* ne s'appliquerait pas au concubinat ; les enfants provenant de cette union étaient de simples spurii. Cette opinion paraît d'ailleurs la plus rationnelle. Dans quel but la loi romaine aurait-elle attribué un père à ces enfants ? La paternité naturelle, dans l'esprit des Romains, était un simple fait ; elle n'impliquait ni droits ni devoirs. Voilà pourquoi, alors que la recherche de cette paternité n'était point prohibée, nous n'en voyons citer aucun exemple. L'enfant, ayant fait prononcer en justice qu'il était issu des œuvres de telle personne, n'aurait retiré de cette décision aucun avantage. Voilà pourquoi, encore, il n'est venu à aucun père l'idée de reconnaître un enfant qu'il aurait eu en dehors du mariage, pourquoi surtout, le législateur n'a jamais songé à exiger ou à faciliter cette reconnaissance.

Ceux qui étendent au concubinat la présomption de paternité, sont inspirés par des idées toutes modernes et que les Romains de l'époque classique étaient loin de soupçonner.

D'ailleurs, une autre raison s'opposait encore à cette extension. La cohabitation entre concubins était sans doute un fait probable ; mais la concubine en règle générale, au moins, n'était pas soumise aux peines de l'adultère. Or, c'est cette obligation de fidélité, sanctionnée par des dispositions législatives, qui confère sa plus grande force à la présomption de paternité[1]. Quand ce devoir vient à disparaître, la loi ne

---

[1] L'adultère de la concubine n'était puni qu'en un cas, c'est lors-

saurait présumer une paternité qui pourrait ne pas exister, sans que la femme fût coupable[1].

16. — A la différence de nos législations modernes, le droit romain n'exigeait point une célébration officielle du mariage. On peut donc facilement supposer que des nuptiæ avaient été contractées au mépris d'un empêchement légal. Quelle était alors la situation de l'enfant né d'une pareille union, eu égard à sa filiation paternelle. La loi *pater is est* lui était-elle applicable ? Voilà une question importante à déterminer au point de vue de l'étendue de notre règle.

Un principe certain est que le mariage, contracté dans de telles conditions, était nul de plein droit. L'enfant qui lui devait le jour n'était donc point *justus*, il ne tombait pas sous la puissance paternelle. Néanmoins, la loi s'appuyant sur la cohabitation probable des époux, sur l'obligation de fidélité maintenue à l'égard de la femme[2], aurait pu réputer certaine la paternité du *pseudo-mari*. Il n'en était point ainsi, croyons-nous, parcourons pour le démontrer, diverses hypothèses.

que le *patron* avait pris l'une de ses affranchies pour concubine. Il est facile de voir que le motif de cette répression était tout autre que dans le mariage. L'infidélité de la femme était punie dans ce cas, comme constituant un manquement grave à la gratitude, à l'*obsequium* qu'elle devait à son patron.

[1] Il est certain que dans le *contubernium* la présomption pater is est ne s'appliquait pas. La loi ignorait toute parenté entre esclaves. *Cognationes serviles ad leges non attinent.* L. 10 §. 5 dig. 38-10.

[2] En effet, l'adultère était puni même au cas où le mariage était nul. V. loi 13 §. 4 ad leg. Jul. de adulter. dig. — Il l'était même quand il avait été commis par une simple fiancée, (eod. lege §. 3). Mais dans ces différents cas le *mari* ne pouvait agir que *jure extranei*. — (V. Esmein, du délit d'adultère à Rome.)

17. — Trois conditions étaient imposées pour la validité des *justæ nuptiæ*. (Ulpien reg. 5 §. 2.) Il fallait en premier lieu que les futurs eussent atteint l'âge de la puberté. Or, supposons cette union contractée entre un homme impubère et une femme nubile. Cette dernière conçoit et met au monde un enfant ; cet enfant sera-t-il présumé des œuvres du *mari* ? Les textes sont muets sur cette question, mais le bon sens suffit à la trancher. Dans cette hypothèse, le mariage est nul précisément parce que la loi répute le mari incapable d'engendrer. Elle ne saurait donc lui imputer une paternité qu'elle juge impossible. Ce cas pouvait d'autant plus facilement se présenter à l'époque classique, que les Sabiniens, on se le rappelle, déterminaient l'âge de la puberté *ex habitu et inspectione corporis*. Or, on conçoit très-bien qu'un jeune homme assez âgé eût pu contracter mariage sans en présenter des indices suffisants.

18. — Le second cas de nullité des justes noces était le défaut de consentement. Ou bien c'est un époux qui n'avait pu se lier en pleine connaissance de cause, par suite d'un dol ou d'une erreur, ou bien au contraire, c'est le *consensus* du *pater familias*, qui n'avait point été obtenu.

La loi, tout en déniant à l'enfant issu de cette union le caractère de *justus*, lui désignait-elle un père ? Lui permettait-elle de s'abriter derrière la règle salutaire posée par la loi 5 *de in jus vocando* ?

Sur ces deux points, nous possédons des textes établissant la négative.

Le premier est un rescrit d'Antonin (l. 3, code, *soluto matrimonio*) « Si ignorans statum Erotis ut libe-« rum duxisti et dotem dedisti, isque postea servus

« est judicatus ; dotem ex peculio recipies : et si quid
« præterea eum tibi debuisse apparuerit. *Filii autem*
« *tui ut ex libera nati incerto tamen patre spurii in-*
« *genui intelliguntur* ». La question est explicitement
tranchée.

On pourrait cependant contester la valeur de ce
fragment, en disant qu'il vise le cas particulier où le
père était esclave ; il en sera différemment, dirait-on,
si l'homme épousé par erreur était ingénu. Nous ne
croyons pas cette objection fondée. En effet, l'enfant
dont s'agit est né hors mariage, comme tel il doit suivre la condition de sa mère, et ce résultat ne serait pas
modifié, en admettant qu'il ait un père esclave.

L'empereur Antonin, en s'exprimant comme il le
fait, veut donc uniquement énoncer la règle générale
qui réduit à l'état de *spurii* les enfants nés d'un mariage nul, par suite d'un vice du consentement.

19. — Supposons maintenant que les nuptiæ ont
été contractées sans l'assentiment préalable du *pater
familias*, dans les cas où il était exigé. Elles se trouvent également frappées de nullité, l'enfant qui en
provient n'est point *justus*. Mais d'après la théorie romaine, si le père donne son consentement après coup,
s'il succombe, la situation se régularise, le mariage
devient valable.

L'hypothèse suivante pouvait donc facilement se
présenter. Un mariage est contracté sans le consentement du *pater familias*, celui-ci vient ensuite à mou-
rir, de telle sorte que son décès se place à une époque
antérieure à la naissance de l'enfant, mais postérieure
à sa conception.

Il semble en pareil cas que l'enfant doit être *justus,*
il vient au monde durant l'existence de *nuptiæ* reguliè-

res, *viro et uxore ejus nascitur* suivant la règle énoncée dans la l. 6 liv. 1 tit. 6 au digeste. Ce résultat n'est pourtant pas admis. Paul, visant cette espèce même, nous l'affirme clairement. « Paulus respon-
« dit eum qui vivente patre et ignorante de conjunc-
« tione filiæ conceptus est, licet post mortem avi natus
« sit, justum filium ei ex quo conceptus est (esse) non
« videri. »

Pourquoi cette solution ? c'est précisément parce que la présomption *pater is est* n'existe pas en dehors des justæ nuptiæ. On ne fait point bénéficier cet enfant de sa naissance pendant le mariage, on ne le déclare point *justus*, parce que ce serait l'attribuer au mari et que la législation romaine s'oppose à un tel résultat. L'enfant a été conçu au moment où les *nuptiæ* n'existaient pas, il est *vulgo conceptus*; celui qui est devenu le mari ne doit pas être légalement présumé l'auteur de sa conception.

20. — La troisième condition exigée pour la validité du mariage, était le connubium. Il n'existait point entre les futurs époux parents au degré prohibé. Les *nuptiæ* contractées au mépris de cet empêchement se trouvaient frappées d'une nullité radicale et constituaient même le crime d'inceste. Les enfants nés de pareilles relations avaient-ils un père légalement certain ? Dans cet hypothèse, la question est tranchée par nombre de textes formels, et tous les interprètes s'accordent. « Hi enim qui ex eo coitu nascuntur, matrem
« quidem habere videntur, patrem vero non utique,
« nec ob id in potestate ejus sunt, sed tales sunt qua-
« les sunt hi quos mater vulgo concepit... »( Gaius I.
« §. 64).

21. — Ce n'est pas tout. *Semper in conjunctioni-*

*bus non solum quid liceat considerandum est, sed et quid honestum sit.* » Cette phrase de Modestin (l. 42 *de ritu nuptiarum*) fait allusion à d'autres hypothèses, dans lesquelles les futurs époux ne jouissaient point *du connubium.* Ces empêchements étaient fondés soit sur des raisons d'ordre politique, soit sur des motifs de moralité et de convenance.

Des *mandata*, remontant au moins au $\text{II}^e$ siècle de l'ère chrétienne[1], défendaient aux Romains, exerçant une fonction politique dans les provinces, d'épouser une femme ayant son domicile dans cette province. Même défense était faite aux fils de ces fonctionnaires. La sanction de ces prohibitions était la nullité du mariage, Paul le dit expressément (l. 65, § 1 de ritu nupt. digeste).

Sous Marc-Aurèle et Commode, un sénatus consulte vint interdire le mariage, sous peine de nullité et autres déchéances pécuniaires, entre le tuteur et son ancienne pupille, tant que celle-ci n'avait pas atteint l'âge de vingt-six ans. La défense s'étendait au pater-familias du tuteur, et au curateur d'une femme mineure de vingt-cinq ans.

Enfin, dernier cas important : les lois Julia et Papia Poppea (l. 44 pr. de ritu nuptiar. — Ulpiani reg. 13 §. 1) édictaient quelques prohibitions fondées sur des idées de convenance. Mais dans ce dernier cas, les interprètes se trouvent en désaccord sur le point de savoir si la sanction de ces empêchements était la nullité. Il semble que l'opinion de M. Accarias est de beaucoup la plus probable, il admet l'inexistence du mariage contracté au mépris de ces lois.

Il est évident que dans ces différents cas de nullité,

[1] Accarias t. 1, no 91 3e édit.

la question de l'extension de la présomption *pater is est* va se poser encore. Nous ne connaissons pas de textes nous permettant de la trancher spécialement.

Mais nous avons déjà observé assez d'hypothèses particulières, pour qu'il nous soit permis d'en déduire une théorie générale. Nous croyons être dans le vrai, en affirmant que la sphère d'application de la présomption légale se trouvait (sauf une seule exception, que nous allons déterminer bientôt) strictement limitée aux justes noces. Cela résulte des diverses idées que nous avons déjà exprimées à plusieurs reprises, sur la condition des enfants nés hors mariage ; cela résulte enfin, de notre texte fondamental, la loi 5 *de in jus vocando*, qui l'applique seulement aux *nuptiæ*.

22. — On peut se demander, pourtant, si ce résultat rigoureux était maintenu, quand les époux avaient contracté dans une ignorance complète de l'obstacle qui s'opposait à leur union. Leur bonne foi ne devait-elle pas être prise en considération ? Un certain nombre d'interprètes l'ont enseigné et l'on a cru trouver l'origine de notre théorie actuelle sur le mariage putatif, dans une loi 57 §. 1 *de ritu nuptiarum.*

Ce texte rapporte un rescrit par lequel les *divi fratres* [1] ont accordé à un mariage contracté de bonne foi, entre parents au degré prohibé, les effets d'un mariage légitime. Toute la question est de savoir si cette décision peut être généralisée.

Nous ne le croyons pas. Les empereurs ont été touchés par les circonstances particulières de la cause, et leur rescrit est trop bien motivé, pour qu'il soit l'application d'une théorie générale. Le mariage avait duré quarante ans, beaucoup d'enfants en étaient nés ; ces

---

[1] Marc-Aurèle et Lucius Verus.

considérations on fait admettre une simple exception au principe.

23. — Nous avons annoncé qu'il existait, en dehors des *justæ nuptiæ*, une hypothèse dans laquelle on rencontrait la présomption légale de paternité. C'est au cas du *matrimonium injustum*. Cette union bien supérieure au concubinat était la seule que pussent contracter les personnes ne jouissant pas de la cité romaine, les pérégrins par exemple. On l'a très-exactement définie, le mariage du droit des gens. Les textes l'appellent quelquefois *nuptiæ injustæ*, et notre loi fondamentale pater is est quem nuptiæ demonstrant paraît bien la comprendre.

Ce mariage n'entraînait point au profit du père la puissance paternelle sur les enfants, car cette puissance était *ex jure quiritium*. A part cela, il produisait tous les autres effets du mariage ; il ne pouvait, du vivant des époux, se dissoudre que par le divorce. *L'uxor injusta* prenait le nom de son mari, elle n'était point, comme la concubine, reléguée à une condition inférieure, elle avait une dot au dire de Cicéron, elle était passible des peines de l'adultère (l.13 §. 1 ad le g. Jul. de adult.)

Enfin, les *liberi injusti* étaient légalement présumés appartenir au mari de leur mère. Ici aucun doute n'est possible ; Gaïus montre comment un pérégrin peut transformer son mariage en justes noces, et acquérir la puissance paternelle, sur son enfant *anniculus*, au moyen de la *causæ probatio* ou de *l'erroris causæ probatio*. Une conséquence évidente de l'existence d'une présomption de paternité dans cette union est que l'enfant suivait la condition de son père, comme dans les justes noces. (Gaïus I — 92.)

24. — Ainsi donnant sur tout ce chapitre un coup d'œil d'ensemble, nous pouvons nous exprimer de la manière suivante : les enfants nés d'une femme mariée, que ce soit une *uxor justa* ou *injusta* possédaient un père légalement certain. La loi présume d'une part la cohabitation entre les époux, de l'autre la fidélité de la femme, et elle conclut à la paternité du mari. Celui-ci ne pourra combattre cette présomption qu'au moyen de preuves certaines. Au contraire, tous les enfants nés hors de ces deux hypothèses seront *sine patre* ; qu'ils proviennent d'un concubinat, d'un contubernium, d'un mariage nul, il en sera de même, la loi refuse de reconnaître une paternité qui ne produirait aucun effet, soit en faveur de l'enfant, soit en faveur du père. Dans ces derniers cas, c'est la mère qui aura la charge de l'enfant, *nam mater semper certa est.* (1. 4 de in jus voc. dig.)

# CHAPITRE II

## DE LA PRÉSOMPTION SUR LA DURÉE DES GROSSESSES

### SOMMAIRE

25. — La présomption *pater is est* ne s'appliquait qu'à l'enfant conçu pendant le mariage.

26. — La date de la conception était obtenue au moyen d'une autre présomption légale.

27. — Opinion des anciens savants et des jurisconsultes sur la durée des plus courtes grossesses.

28. — Mode de calcul des Romains.

29. — Suite — l. 3 § 12. *de suis et legit.* dig.

30. — Contradiction apparente entre la loi 12 liv. I tit. 5 dig. et le §. 5 l. IV tit. 9 des sentences de Paul.

31. — Conciliation de ces deux textes.

32. — Suite — justification.

33. — Opinion des anciens auteurs sur la durée des plus longues grossesses.

34. — Textes des jurisconsultes sur ce point.

35. — Justinien n'a pas modifié leur système par la novelle 39 chap. 2.

36. — Détermination de la période de conception.

37. — La présomption légale sur la durée des grossesses cédait à la preuve contraire.

38. — Suite. Passages d'Aulu-Gelle et de Pline.

39. — Impossible d'argumenter du texte de Pline pour af-

firmer que la loi des Douze Tables ne fixait pas le délai maximum des grossesses.

40. — Ces deux décisions ne s'expliquent que par l'admission de la preuve contraire.

41. — Hypothèse de la confusion de part.

25. — La paternité du mari ne peut être présumée qu'à la condition que l'enfant ait été conçu pendant le mariage. Sa naissance pendant la durée de l'union conjugale ne suffit point.

On pourrait contredire cette assertion par un texte du Code, qui paraîtrait embarrassant au premier abord, mais qu'il est cependant facile d'écarter. Nous voulons parler d'une constitution de Justinien, qui forme la loi 11 au Code liv. 5, tit. 27 (de natur. liber.) L'empereur décide que la légitimation par mariage subséquent s'applique même à l'enfant conçu antérieurement à l'époque où le mariage intervient. « Et generaliter definimus et quod super hujus « modi casibus variabatur definitione certa conclu- « dimus : ut semper in hujusmodi quæstionibus « in quibus de statu liberorum est dubitatio, non « conceptionis, sed partus tempus inspiciatur. »

On dépasserait très-certainement la pensée de Justinien si l'on devait appliquer à tout enfant conçu avant le mariage le principe posé par sa constitution. Quand on la lit dans son ensemble, on voit immédiatement, que la généralité des termes que nous citons, est circonscrite à la légitimation par mariage subséquent créée sous le Bas Empire au profit des enfants nés du concubinat. Rien de pareil n'existait au droit classique, les textes que

noùs-allons bientôt citer le prouveront surabondamment.

Et d'ailleurs, la raison commande absolument que
la présomption *pater is est* ne puisse être invoquée que
lorsque la conception de l'enfant se place dans le mariage. Elle repose, en effet, sur la probabilité de la cohabitation entre les époux et de la fidélité de la femme.
Or, ces deux bases manquent totalement, avant l'existence de l'union conjugale[1].

26. — Mais ici, les Romains se trouvèrent arrêtés
par une question très-grave. A quel moment le phénomène de la conception s'est-il produit? Voilà le point
fondamental. De la solution de ce problème dépend
l'application de la règle *pater is est*. Si la grossesse
avait une durée mathématiquement certaine, rien ne
serait plus facile que de fixer cette époque; on comp-
terait en arrière à partir de la naissance de l'enfant,
et l'on arriverait à déterminer avec précision le jour où
il a été engendré. Malheureusement la durée de la
gestation est très-variable, et aucun élément ne permet
de déterminer en fait le temps pendant lequel elle s'est
prolongée. « Non respondet ad propositium nec ad
« certam diem fæconditas, avait dit Sénèque, sui juris
« rerum natura est, nec ad leges humanas componi-
« tur: modo properat, modo vota præcurrit, modo
« lenta est et demoratur. »

---

[1] Un exemple historique célèbre vient à l'appui de ce que nous
disons. L'empereur Auguste épousa Livie alors qu'elle était enceinte. L'enfant vint au monde après six mois de mariage, il fut
nommé Drusus, il naquit dans la maison d'Auguste. Cet empereur aurait ardemment souhaité d'avoir des enfants de Livie ; on
ne doutait pas que son commerce avec cette femme ne fût bien
antérieur, mais l'enfant étant né prématurément, quoique durant
le mariage, ne fut pas déclaré fils d'Auguste. (Suétone.)

Devant cette impossibilité de fixation, les jurisconsultes n'avaient qu'un parti possible, celui de recourir à une présomption. Ils prirent l'avis des médecins et des naturalistes sur la durée des gestations les plus longues et celles des plus courtes. Ces chiffres étant connus, la période de temps pendant laquelle la conception s'était produite, se trouvait fixée elle-même. En effet, partant de la naissance de l'enfant, on compte en arrière un nombre de mois égal à celui des grossesses les plus tardives. De ce point l'on redescend à la dernière limite des grossesses les plus courtes. Il est évident que le moment de la conception se place entre ces deux termes. Si donc le mariage a existé, ne fût-ce qu'un jour durant cette période, l'on suppose ce qui est le plus probable et le plus moral, c'est à dire, que l'enfant provient des œuvres du mari.

Voyons comment les Romains avaient appliqué ces données rationnelles, et quelle durée maxima ou minima ils avaient assignée aux grossesses.

27. — Nous possédons, sur la durée des plus courtes grossesses, quelques passages intéressants d'Aulu-Gelle. (Nuits attiques liv. III ch. 16). Cet auteur nous apprend à combien de controverses avait donné lieu cette importante matière. « Et medici et philosophi « illustres de tempore humani partus quæsiverunt : et « multa opinio est ea que jam pro vero recepta, post- « quam mulieris uterus conceperit semen, gigni ho- « minem septimo rarenter, nunquam octavo, sæpe « nono, sæpius numero decimo mense. » La doctrine des savants de l'antiquité arrivait donc à ce résultat, qu'un enfant pouvait naître après une grossesse de six mois. Quant à la question de savoir si la naissance pouvait se produire dans le huitième mois à dater de la

conception, la controverse était plus vive. Les partisans de la négative s'appuyaient sur un passage d'Hippocrate. Cet auteur dit dans une de ses œuvres : *est vero et non est octimestris partus*. Cette phrase énigmatique fut ainsi expliquée par le médecin Sabinus, son commentateur : « Videntur quidem tanquam ani-« mantia post abortum. Non vero sunt, utpote statim « morientia ; atque in præsens quidem apparent, po-« testate non existunt. »

Cela revient à dire que l'enfant, qui naîtrait dans le huitième mois de sa conception, ne saurait naître viable. Néanmoins, Aristote n'accepta pas cette opinion d'Hippocrate, et, chez les Romains, Cœcilius et Varron défendirent l'idée qu'un enfant pouvait naître viable au huitième mois.

Les jurisconsultes, sauf peut-être une réserve à faire au sujet de l'octimestris partus, adoptent les principes d'Hippocrate. « Septimo mense nasci perfectum par-« tum jam receptum est, propter auctoritatem doctis-« simi viri Hippocratis ; et ideo credendum est eum « qui ex justis nuptiis septimo mense natus est, jus-« tum filium esse. » Ainsi, s'exprime Paul. (l. 12 de statu hominum 1-5. dig.)

Le terme de la plus courte grossesse est donc fixé à 6 mois accomplis. L'enfant né de justes noces contractées plus de 6 mois avant sanaissance sera *justus*, il sera présumé l'enfant du mari [1].

---

[1] Dire : après 6 mois accomplis c'est bien traduire le texte de Paul *septimo mense*. Le jurisconsulte parle évidemment de l'enfant né dans *le courant du 7e mois*. — C'est en quoi se trompait le tribun Duveyrier lors de la rédaction du Code, il croyait que Paul exigeait 7 mois révolus, aussi trouva t-il ce texte en contradiction avec la loi 3 §. 12 *de suis et legitimis* que nous allons citer.

28. — Dans le calendrier romain, les mois se composaient tous de trente jours, comme dans le calendrier grec. (1. 101 dig. de regulis juris). Les 6 mois exigés par Paul, correspondent à 180 jours. — Or, puisque, pour être *justus*, l'enfant doit naître *septimo mense*, c'est-à-dire plus de 6 mois accomplis après le mariage, il sera nécessaire que sa naissance ne soit pas antérieure au 182° jour à partir de la même date. En effet, s'il naissait seulement le 181° jour, les 6 mois n'étant révolus qu'à la fin de cette journées, il serait impossible de dire que l'enfant est né *septimo mense*. Les Romains, en cette matière, comptaient par jours et non par heures, de momento ad momentum. Aucun texte n'indique un mode de supputation différent. Il faut donc que le 181° jour soit entièrement terminé, pour dire que l'enfant est né *septimo mense*.

29. — On arrive à ce résultat par le simple raisonnement ; il ne saurait être contesté. Le serait-il, nous aurions un texte pour le corroborer de la façon la plus évidente. Voici comment s'exprimait Ulpien, dans son commentaire sur Sabinus : « De eo autem qui *centesi-« mo octagesimo secundo die* natus est, Hippocrates « scripsit et divus Pius pontificibus rescripsit justo tem-« pore videri natum » etc. » (loi 3 §. 12 dig. *de suis et legit. her.*)

Il est bien certain, qu'en indiquant ce chiffre, le jurisconsulte a l'intention de fixer la durée minima de la grossesse, cette période fixée à 6 mois accomplis par Hippocrate et que Paul nous indiquait en d'autres termes. Ce second texte a l'avantage de nous faire connaître le système de computation adopté par les Romains.

De ces deux fragments combinés, résulte donc une certitude complète ; l'enfant né à partir du 182° jour du mariage sera *justus*, et présumé provenir des œuvres du mari [1].

30. — Malheureusement, il existe un autre texte de Paul, qui paraît, au premier abord, contredire le fragment *de statu hominum* ; nous voulons parler du §. 5 liv. 4, tit. 9 des *sententiæ*. Il s'agit du *Jus liberorum*, et voici ce que dit le jurisconsulte : « septimo mense « natus matri prodest : ratio enim Pythagorei numeri « hoc videtur admittere ut aut *septimo pleno* aut deci- « mo mense partus maturior videatur » ces lignes ont fait le tourment des romanistes. Il est arrivé là ce que l'on a vu déjà bien souvent ; beaucoup d'interprètes ont voulu corriger ce texte altéré, disaient-ils, puisqu'il contredit la loi précédente. Les corrections ont malheureusement été fort différentes. Les uns ont placé le mot *pleno* avant *maturior*, les autres l'ont mis, au contraire, avant le mot *decimo*. Cette dernière opinion, la plus forte, ne saurait pourtant être admise, car elle n'aurait d'autre résultat que de déplacer la difficulté, et de la porter sur le chiffre maximum de la durée des grossesses.

31. — Après avoir mûrement réfléchi, nous croyons que cette prétendue contradiction n'existe pas. Nous allons proposer entre les deux textes une conciliation tirée de la théorie contenue dans la phrase d'Aulu-Gelle précédemment citée. Le tit. 9 liv. 4 des sentences de Paul où se trouve ce paragraphe 5 est placé sous

---

[1] M. Legentil (Sir. 57, 2, 370 à la note  ) prétend que les romains comptaient par mois lunaires. Les 6 mois n'égaleraient plus que 168 jours. — le résultat est formellement contredit par notre 3 §. 12 et par la loi 101 *de regulis juris*, dig.

la rubrique : *ad senatus consultum tertullianum.* Le
jurisconsulte pose en principe, que la femme, d'après
les dispositions de ce document législatif, ne pourra
succéder à ses enfants, qu'à la condition d'avoir le
*jus liberorum.* Ce jus liberorum est accordé à la mère
qui a accouché trois fois, pourvu que l'enfant soit né
*vivant et à terme* « matres tam ingenuæ quam li-
« bertinæ cives romanæ, ut jus liberorum consecutæ
« videantur, ter et quater peperisse sufficiet, dummodo
« *vivos et pleni temporis* pariant. »

Or, étant donnée cette règle on voit immédiatement
la question qui devait se poser à cette époque, où la
théorie d'Hippocrate sur *l'octimestris partus* était généralement admise [1]. L'enfant né après le septième
mois accompli, était considéré comme non viable « non
« vero sunt utpote statim morientia » disait Sabinus
le médecin. De cette idée on aurait pu conclure que
l'enfant n'était pas à terme, *pleni temporis*, et refuser
à la femme de lui tenir compte du bénéfice de cet accouchement.

C'est précisément un pareil système que Paul veut
écarter. Son texte a uniquement pour but d'affirmer,
qu'un accouchement au huitième mois de la grossesse
servira à la femme pour acquérir le *jus liberorum.* Il ne
se préoccupe pas de trancher une question de légitimité ; il ne cherche pas davantage à adopter ou à contredire la doctrine d'Hippocrate. Que l'enfant survive
ou non, qu'il soit viable ou non, s'il est né vivant dans
le huitième mois, il est né *pleni temporis*, et la femme
profitera de cet accouchement.

[1] Aujourd'hui encore, malgré la contradiction formelle de la
science, cette théorie persiste chez la partie la moins éclairée de
la population.

32. — Cette application est naturelle et elle nous permet d'éviter une contradiction entre deux passages du même auteur. On pourrait, au premier abord, nous reprocher d'avoir appliqué ce texte à une hypothèse qui ne se présente pas facilement à l'esprit, et d'être allé chercher bien loin un cas auquel rien n'indique que l'auteur ait pensé. Cette hypothèse nous ne l'inventons pas; elle s'était posée à Rome. Il est à croire même qu'elle avait paru assez intéressante, car c'est un auteur littéraire qui nous la signale. Voici comment s'exprime Aulu-Gelle (loco citato) « Memini « ego Romæ accurate hoc atque sollicite quæsitum, « negotio non rei tunc parvæ postulante, an octavo « mense infans utero vivus editus et statim mortuus, « jus trium liberorum supplevisset; quum abortio qui- « busdam, non partus videretur mensis octavi intem- « pestivitas. »

L'écrivain ne répond point à la question, mais nous croyons que Paul le fait dans notre §. 5.

Cette hypothèse n'a donc aucun rapport avec celle de la loi 3 §. 12 où il s'occupe d'une toute autre question, celle de savoir si la conception se place pendant le mariage. En conséquence, il n'y a pas de contradiction entre ces deux textes, et l'on doit s'en tenir, pour la durée des gestations les plus courtes, au délai que nous avons mentionné précédemment.

33. — Aulu-Gelle nous donne encore l'opinion des anciens sur la durée des plus longues grossesses[1].

D'après Hippocrate, qu'il cite, la grossesse ne peut se prolonger au-delà de dix mois. Telle était la doc-

[1] Rabelais, dans le premier chapitre de son Gargantua, donne une nomenclature fort complète des savants de l'antiquité qui ont écrit sur ce sujet.

trine de la plupart des savants et des médecins grecs ou romains.

Néanmoins, Aristote, Varron et Pline avaient émis une opinion contraire. En somme, malgré quelques dissentiments, la théorie d'Hippocrate était généralement suivie. Ce terme de dix mois se trouve indiqué chez un nombre très-considérable d'auteurs scientifiques ou littéraires [1].

Mais Aulu-Gelle ajoute une phrase fort intéressante pour nous. Il dit que la loi des douze tables précisait expressément ce terme de dix mois, pour la durée des plus longues grossesses : « Quoniam decemviri in dicem mensibus, gigni hominem non in undecimo scripsissent. » Ce passage de la loi des douze tables n'a pas été retrouvé. Aussi certains interprètes en ont-ils profité, pour nier le fait avancé par Aulu-Gelle. Il nous semble qu'il est impossible de contester une assertion aussi formelle, émise par un auteur qui connaissait à coup sûr cette loi fondamentale des Romains. D'ailleurs, c'est la crainte d'arriver à des contradic-

---

[1] Aussi, Aulu-gelle se demande pourquoi Homère met les paroles suivantes dans la bouche de Neptune : « *Gaude mulier amore, circumvoluto autem anno liberos splendidos paries, quoniam non inanes concubitus immortalium.* » Homère aurait-il donc vu des grossesses de douze mois ? Aulu-Gelle raconte qu'il a consulté des grammairiens sur ces vers. Certains ont répondu qu'au temps d'Homère, l'année ne comprenait que dix mois ; d'autres, qu'il convenait à la majesté de Neptune, que l'enfant restât plus longtemps dans le sein de sa mère. (C'est de là que Rabelais tire l'explication de la longue gestation de son héros.)

D'ailleurs, Aulu-Gelle avoue lui-même, que de pareilles explications sont de pures plaisanteries. Le mot d'Homère περιπλομενου ενιαυτου signifie *affecto anno*. Or, d'après Cicéron *affecto* n'a point le sens de *révolu*, mais plutôt celui de *tirant à sa fin*. Ces termes peuvent donc très-bien s'appliquer au dixième mois.

tions avec deux décisions mentionnées ci-dessous, qui a motivé ces dénégations. Nous verrons, qu'en adoptant ce principe, on n'est point obligé de se contredire.

34. — Passons maintenant aux textes qui nous sont restés. Ulpien (l. 3, §. 11, dig. de suis et legit. 38-16) s'exprime ainsi : « Post decem menses mortis natus « non admittetur ad legitimam hereditatem. » La question que le juriconsulte se propose de résoudre est la suivante : un enfant est né plus de dix mois après la mort du mari de sa mère, sera-t-il héritier de ce dernier ? — Il répond négativement. La grossesse la plus longue ne pouvant jamais durer au-delà de dix mois, l'instant de la conception se place forcément après la dissolution du mariage, l'enfant ne saurait donc être présumé le fils du défunt.

Cette règle est présentée par Ulpien d'une manière générale et sans aucune restriction. Elle est en outre confirmée par d'autres textes, qni, rapprochés de celui-ci, ne laissent aucun doute sur le système de la jurisprudence romaine. Ainsi, Scœvola énonce une formule proposée par Aquilius Gallus pour l'institution ou l'exhérédation des posthumes : « Si filius meus, vivo « me, morietur, tunc si quis mihi ex eo nepos sive « quæ neptis post mortem meam in *decem mensibus* « *proximis* quibus filius meus moreretur, natus, nata « erit, heredes sunto. » (L. 29 de liber et post. 28-3 dig.)

Ce fragment démontre bien, que d'après la législation romaine, le terme de dix mois est le plus éloigné que puisse atteindre une grossesse. On veut prévenir la rupture du testament causée par la survenance d'un posthume. Si l'on ne prévoit pas le cas où la naissance se produira après le dixième mois, c'est que le testament ne sera pas rompu, l'enfant ne pouvant plus invoquer la présomption de paternité.

35. — On a prétendu que Justinien avait modifié ce chiffre. On argumente pour cela de la novelle 39, chapitre 2. Ce document décide seulement, que la présomption *pater is est* ne s'appliquera pas à l'enfant né le douzième mois après la mort du mari. Il est impossible de s'en servir pour prouver un changement législatif.

De ce que Justinien édicte que l'enfant né dans le douzième mois est illégitime, on ne saurait conclure, que celui qui verra le jour dans le onzième, sera *justus*. L'argument *a contrario* est fondé, lorsque, partant d'une exception, il ramène au droit commun, mais il ne possède aucune force, lorsqu'il tendrait à créer une exception que la loi n'exprime pas. C'est précisément le cas dans notre hypothèse.

En conséquence, rien ne prouve que le chiffre du droit classique sur la durée des plus longues grossesses ait été modifié au bas-empire.

36. — Nous avons trouvé les deux limites extrêmes déterminées par les jurisconsultes. Cette double fixation nous permet donc de marquer, d'une manière approximative, l'époque de la conception. Puisque la grossesse la plus courte ne peut être moindre de 6 mois accomplis, la date de la conception ne peut jamais se trouver à une époque plus rapprochée que le 182ᵉ jour avant la naissance de l'enfant. Puisque d'autre part, la grossesse ne saurait se prolonger plus de dix mois, la conception ne peut pas avoir eu lieu avant le trois-centième jour. Donc, la période qui s'étend entre la fin de ce dixième mois et la fin du sixième est

celle que nous nommerons la période de conception. Il a été impossible de préciser davantage, et l'on a fait bénéficier la famille de cette incertitude. En effet, si le mariage a existé durant cette période, ne fut-ce que le dernier jour, on placera la conception pendant le mariage, et l'enfant sera attribué au mari.

Il est donc facile de voir maintenant le jeu de ces deux présomptions superposées :

1° L'enfant conçu dans le mariage est le fils du mari ;

2° Quand une partie, quelque faible quelle soit, du temps séparant le dixième mois du sixième avant la naissance de l'enfant, se place pendant la durée des *nuptiæ*, il est présumé conçu dans le mariage.

Telles sont les idées fondamentales qui se dégagent des textes... malheureusement trop rares pour nous fournir des détails sur toutes ces délicates questions.

37. — La présomption *pater is est* peut être renversée. Le mari possède le droit de la combattre, et de prouver qu'il n'est pas le père de l'enfant. Nous l'expliquerons en détail dans un chapitre subséquent. En serait-il de même de la présomption sur la durée des grossesses ? Pourrait-on prouver qu'une gestation s'est prolongée au delà de dix mois, malgré le texte d'Ulpien, malgré même celui de la loi des douze tables si l'on en croit Aulu-Gelle ? C'est un des points les plus délicats que nous ayons à résoudre.

Si l'on consulte l'opinion des savants de l'antiquité, on les trouve divisés en deux camps absolus. Les uns affirment que la limite de dix mois peut être dépassée, les autres soutiennent énergiquement le contraire. Il semblerait, au premier abord, que les jurisconsultes ont adopté l'opinion des premiers ; dans ce cas, aucune preuve contraire ne pourrait lutter contre la présomption légale. Cependant, nous hésitons à le croire. C'est encore Aulu-Gelle qui va jeter quelque lumière sur ce point ténébreux.

38. — Cet auteur nous rapporte l'espèce suivante. « Præterea ego, de partu humano, præterquam quæ « scripta in libris legi, hoc quoque venisse in usu Ro- « mæ comperi : feminam bonis atque honestis moribus, « non ambigua pudicitia in *undecimo mense* post mariti « mortem peperisse ; factum que esse negotium prop- « ter rationem temporis, quasi mortuo marito postea « concepisset, quoniam decemviri in decem mensibus « in pecem mensibus non in undecimo scripsissent : « sed divum Hadrianum, causa cognita, decrevisse in « undecimo quoque mense partum edi posse ; idque « ipsum ejus rei decretum nos legimus. »

L'espèce est nette. Hadrien a déclaré conçu pendant le mariage un enfant né dans le onzième mois. Aulu-Gelle donne cette décision à côté du principe posé dans la loi des douze tables.

D'autre part, Pline le naturaliste rapporte un fait analogue. (Hist. nat. liv. 7 chap. IV). « Masurius auc- « tor est Papirium prætorem[1], secundo herede lege « agente, bonorum possessionem contra eum dedisse, « quum mater partum se XIII mensibus diceret tu- « lisse : quoniam nullum certum tempus pariendi sta- tum videretur. » L'espèce est aussi claire que la précédente et aussi décisive. L'enfant était né treize mois

---

[1] Il s'agit peut-être ici du préteur Papirius Carbo et de la *bonorum possessio* accordée en vertu de l'édit Carbonien dont il fut l'auteur.

après la mort du mari, et le préteur lui a accordé les biens de ce dernier.

39. — Ce passage de Pline a même paru contredire ce qu'Aulu-Gelle nous apprend de la loi des douze tables[1]. En effet, certains interprètes ont lu dans la phrase le mot *statutum* au lieu de *statum*. Il paraît impossible d'admettre cette restitution, devant la citation d'Aulu-Gelle, qui, lui-même, donne le mot *statum*, que nous trouvons dans l'œuvre de Pline.

Mais comment expliquer alors que ces deux décisions soient contraires à la loi des douze tables?

40. — On ne le peut que d'une manière, et nous arrivons par là au point que nous voulions démontrer.

Il faut admettre que la présomption légale sur la durée des grossesses pouvait être infirmée par la preuve contraire. Les deux décisions, que nous avons citées, se rapportent à deux cas où cette preuve a été admise. Dans la première, l'empereur Hadrien statuait comme juge en dernier ressort. Dans la seconde, le préteur Papirius connaissait directement, car il s'agissait d'une bonorum possessio.

Le motif cité par Pline nous confirme encore dans cette manière de voir : Il n'existe pas, dit-il, d'époque absolument précise pour l'accouchement. Si le préteur parle ainsi dans l'hypothèse présente, c'est que la présomption d'une durée maxima de dix mois n'est pas absolue ; elle n'est pas *juris et de jure* suivant le langage des anciens commentateurs.

41. — Il existe une question à peu près insoluble, résultant de cette fixation de la limite des grossesses.

----

[1] V. suprà n₀ 33.

Mentionnons-la en terminant sans insister; nous la développerons dans une autre partie.

Il faut supposer qu'une femme a contracté un nouveau mariage peu de temps après la dissolution du premier. Dans ce cas, elle encourait l'infamie et plusieurs peines pécuniaires. (V. 1. 15 code ex quibus causis 2-12 — 1. 1 de sect. nupt. code — 1. 4 ad sen. Tert. code 6-36). Mais, la sanction de la loi n'allait pas plus loin. Le second mariage n'était point frappé de nullité. Or, nous pouvons très-bien supposer qu'un enfant naisse après les six premiers mois de ce mariage, mais avant l'expiration du dixième mois depuis la dissolution du mariage antérieur.

On voit immédiatement la difficulté. D'après la présomption sur la durée des grossesses, la conception peut aussi bien se placer dans le premier que dans le second mariage. Quel sera, en pareille occurence, celui des deux maris qui sera déclaré père de l'enfant?

Aucun texte ne vise cette hypothèse, et nous serions fort embarassés de dire, quel pouvait être le système des jurisconsultes romains.

Nous avons néanmoins tenu à signaler cette question devenue célèbre par les travaux des anciens commentateurs et le nombre des solutions différentes qu'elle a reçues.

# CHAPITRE III

## DU CAS OU L'ACCOUCHEMENT DE LA MÈRE EST DOUTEUX

## SOMMAIRE

### Généralités.

42. — Le crime de supposition de part était très-fréquent à Rome.

43. — Mesures destinées à le prévenir.

44. — Leur sanction.

45. — Conséquences de cette sanction.

46. — La présomption de paternité n'était pas atténuée dans sa force, soit par le S.-C. Plancien, soit par l'Edit du préteur.

### §. Iᵉʳ. — *Accouchement de la veuve.*

47. — Edit du préteur ; analyse.

48. — Suite.

49. — Sanction de l'édit ; *bonorum possessio* accordée à l'enfant au cas d'accomplissement des formalités.

50. — Refus de cette bonorum possessio quand elles n'avaient pas été remplies.

51. — Le préteur statuait *cognitâ causâ*.

### §. II. —*Accouchement de la femme divorcée.*

52. — S.-C. Plancien ; obligations imposées à la femme.

53. — Suite.

### §. III. — *Accouchement durant le mariage.*



---

## GÉNÉRALITÉS

42. — Nous arrivons à une matière difficile et à laquelle se rapportent les textes les plus obscurs du titre *de agnoscendis*, dig. 25-3. Il faut se garder des confusions. Nous avons vu que certains auteurs avaient mal entendu quelques dispositions dont nous allons parler[1] ; d'autres part, nous allons nous séparer de la généralité des interprètes. Aussi, est-il utile de poser le principe dominant, qui semble, à notre sens, se dégager des titres III et IV du livre 25 au digeste,

---

[1] Ducaurroy Bonnier et Roustain — (V. ci-dessus n<sub>o</sub> 2.)

avant d'aborder les détails, et d'étudier les situations particulières prévues et réglées par les textes.

Pour que la présomption *pater is est* puisse être appliquée, il faut que la maternité soit certaine. Il est donc nécessaire que l'accouchement de la femme et l'identité de l'enfant réclamant avec celui dont elle est accouchée, soient également démontrés. Or, le crime de supposition de part, prévu par nos lois pénales, se commettait très-fréquemment à Rome. De nombreux auteurs, de nombreux textes nous le prouvent. Il existe, dans les monuments juridiques parvenus à notre connaissance, beaucoup de dispositions destinées à le déjouer ou à le punir. Paul nous affirme même, que l'on fut obligé d'édicter la peine de mort contre les coupables. Sent. liv. II, tit. 24 §. 9.

43. — Ajoutez à cela que, dans certaines circonstances, ces suppositions de part présentaient de grandes facilités. Supposez un mariage dissous par une cause ou l'autre, le mari n'est plus là pour surveiller la grossesse ou l'acccouchement de sa femme. Quand celle-ci présente un nouveau-né, sait-on s'il lui doit réellement le jour, et si, par conséquent, la présomption de paternité doit s'appliquer? Émus de ce danger, le préteur et le Sénat résolurent de la faire disparaître et d'empêcher, à l'avenir, qu'un enfant né dans les dix mois de la dissolution du mariage, essayât, sans des motifs graves, de s'introduire dans la famille du mari. Le préteur consigna ses dispositions dans son édit. Elles sont relatées au titre *de inspiciendo vente*, (25-4 dig.) et s'appliquent au cas de dissolution du mariage par la mort du mari. Le Sénat rédigea le Sénatus-Consulte Plancien, pour le cas où l'union conjugale avait été dissoute par le divorce.

44. — Ces deux dispositions créaient un certain nombre de formalités applicables soit à la veuve, soit aux deux *ex-conjoints*, suivant les cas. Elles avaient pour but de soumettre la femme à une étroite surveillance durant sa grossesse et son accouchement, et de constater ainsi d'une manière certaine l'identité de l'enfant.

Le point délicat pour nous est la sanction de ces diverses règles.

On admet généralement que, lorsque la femme ne les avait point observées, la présomption *pater is est* se trouvait détruite. En conséquence, le mari pouvait accepter l'enfant ou le répudier à son gré. Ce dernier, devant la dénégation du père, n'avait d'autre faculté que celle de prouver directement sa paternité, sans emprunter le secours d'aucune présomption légale.

Il nous semble que telle n'est point la sanction de ces deux mesures, et que la théorie précédente dépasse le but du législateur romain. Voici comment nous le comprenons. Si la femme négligeait de remplir les formalités qui lui étaient imposées, l'enfant était considéré provisoirement comme supposé par elle. Cette présomption ne tombait que devant la preuve positive de la maternité faite par l'enfant. Etait-ce au contraire le mari, qui ne tenait pas compte des obligations que lui imposait le Sénatus-Consulte Plancien, au cas de divorce? L'enfant était provisoirement en possession de l'état de *justus* jusqu'au moment où le mari aurait prouvé la non-maternité de sa femme.

45. — La conséquence se trouve tout au long dans les textes, où le principe général n'est pas exposé. Dans le cas où la femme avait satisfait aux prescrip-

tions légales, l'enfant avait le droit d'exiger des aliments du mari ou la *bonorum possessio* de ses biens, jusqu'au jugement à intervenir sur la question d'état. Dans l'hypothèse inverse, où la femme n'avait point rempli les obligations que lui imposait la loi, c'est à elle seule qu'incombait la charge de la nourriture et de l'entretien de l'enfant, jusqu'à la même époque.

46. — Ce système conserve dans son intégrité la force de la présomption *pater is est*. Si, dans certain cas que nous indiquons, elle ne s'applique pas provisoirement, c'est uniquement parce que la maternité n'est point démontrée, parce qu'elle est même supposée ne point exister. Le jour où l'enfant en aura fourni la preuve certaine, la présomption *pater is est* s'appliquera nécessairement, et le mari ne pourra rejeter l'enfant hors de sa famille, qu'au moyen de ce que nous appelons aujourd'hui le désaveu.

Voilà donc la difficulté nettement précisée, nous pouvons passer maintenant à l'étude des textes.

§. I. — *Accouchement de la veuve.*

47. — C'est, avons-nous dit, (n° 43) le préteur qui s'était chargé de prévoir cette première hypothèse. Le texte de l'édit sur ce point nous est parvenu presque en entier. Ulpien nous le donne au digeste (l. 1 §. 10 25-4 *de inspiciendo ventre*). On peut voir, par la sévérité des formalités qu'il indique, combien ce crime de supposition de part devait être fréquent. Cette page de l'édit jette un jour complet sur un côté peu hono-

rable des mœurs romaines. Ce luxe de détails et de précautions choquerait aujourd'hui ; autrefois il était entièrement accepté, car la nécessité en était démontrée.

Voici un résumé des dispositions prétoriennes.

Quand, après la mort de son mari, une femme se voit enceinte, elle doit, dans le mois du décès, faire deux dénonciations aux intéressés, « his ad quos res pertinebit. » Ces mots vagues désignent ceux qui seraient héritiers du mari, en l'absence d'enfants nés de ses œuvres.

Ceux-ci, sur cet avertissement, peuvent envoyer des femmes pour examiner l'état de la veuve [1]. Le préteur désigne ensuite la maison d'une matrone à l'abri de tout soupçon ; c'est là que la veuve doit se retirer pour faire ses couches. Dans le dernier mois de la grossesse, la dénonciation aux intéressés doit être renouvelée ; elle doit l'être encore, au moment où se produisent les premières douleurs de l'enfantement. C'est après la dénonciation faite au commencement du dernier mois, que les héritiers enverront des gardiens qui ne quitteront plus la femme.

48. — Plus nous approchons de la délivrance, plus les précautions redoublent. La chambre où se feront les couches ne doit posséder qu'une seule porte ; s'il en existait d'autres, il faudra clouer des planches des deux côtés. Dans l'appartement, doivent briller au moins trois flambeaux, « tria lumina nec minus ibi sint ; sci- « licet quia tenebræ ad subjiciendum aptiores sunt. »

---

[1] Le préteur indique jusqu'à quelle limite peut porter cet examen : Mittantur autem mulieres liberæ duntaxat quinque : hæque simul omnes inspiciant : dum neque earum, dum inspicit, invitâ muliere ventrem tangat.

Devant la porte, se trouveront trois hommes libres et trois femmes libres assistés de deux *comites*. Ils devront visiter tous ceux qui rentrent, surtout les femmes, de peur qu'une femme enceinte ne s'introduise dans l'appartement. A l'intérieur, il ne doit jamais y avoir plus de deux femmes libres et de six exclaves, exception faite des deux accoucheuses.

Il faudra montrer l'enfant aux héritiers s'ils l'exigent. Ils pourront le voir deux fois par mois, dans le cours du premier trimestre, une seule fois pendant les deux suivants, etc., etc. On voit combien de précautions de détail le législateur était obligé de prendre, pour que sa disposition ne fût point inutile.

49. — Passons à la sanction. Si la femme avait rempli les formalités indiquées, l'enfant étant réputé *justus*, elle pouvait affirmer ses droits à la succession du mari. Le préteur, avant de faire droit à sa demande, se bornait à examiner si la naissance s'était produite dans les dix mois de la dissolution du mariage. Dans ce cas, il accordait à l'enfant la *bonorum possessio* des biens de son père défunt.

Mais qu'arrivait-il, si les héritiers, n'étant point encore satisfaits, s'avisaient de contester l'état de l'enfant, en prétendant, par exemple, que le mari avait été dans l'impossibilité de cohabiter avec sa femme, au moment de la conception? Nous tombons ici dans l'hypothèse de l'édit Carbonien. Le procès sur la question d'état était renvoyé à l'époque où l'enfant aurait atteint l'âge de la puberté. La *bonorum possessio* était maintenue à l'enfant pendant le temps intermédiaire. Ce résultat était nécessairement exigé par la présomption *pater is est*, qui, la maternité étant certaine, devait forcément s'appliquer.

50. — La solution inverse s'impose dans l'hypothèse
contraire, elle était édictée par le préteur. Si la femme
ne se soumettait point à toutes ces formalités, quelque vexatoires qu'elles pussent être, l'enfant était présumé supposé, relativement aux parents paternels.
Ceux-ci avaient le droit de répondre à sa réclamation :
démontrez que vous êtes réellement le fils de la veuve,
prouvez votre maternité, alors seulement vous serez
fondé à invoquer la présomption *pater is est*, pour en-
trer en possession des biens du défunt.

Ce raisonnement est entièrement confirmé par les
textes. Le préteur dit formellement qu'il refuse la
bonorum possessio à l'enfant dont la mère aura manqué à ses prescriptions : « Si cui ventrem inspici, cus-
« todirive, adesse partui licitum non erit, factum ve
« quid erit, quominus ea ita fiant, uti supra compre-
« hensum est : ei quod natum erit, possessionem causa
« cognita non dabo. » Et il s'agit, bien certainement,
de cette bonorum possessio carbonienne fondée dans
l'espèce, sur la présomption de paternité, car le jurisconsulte Julien ajoute, dans la loi 2 de notre titre :
« Edictum de custodiendo partis derogatorium est ejus
« quod ad Carboniani decreti exemplum comparatum
« est. »

On n'ignore donc pas que l'enfant pourra démontrer
sa maternité plus tard ; mais en attendant, il se trouve
dans l'impossibilité d'invoquer la règle *pater is est*, il
ne saurait donc profiter de la *bonorum possessio*
carbonienne qui en découle[1].

---

[1] Nous possédons un texte fort curieux des coutumes anglo-
normandes importées en Angleterre par Guillaume le Conquérant en 1066. Le texte est une paraphrase de l'édit du préteur et
les mêmes formalités étaient imposées par la coutume aux veu-

51. — Ajoutons, en terminant, que le préteur se réservait expressément le droit de statuer sur la bonorum possessio, *cognita causa*. C'était uniquement pour n'appliquer cette sanction rigoureuse, que dans l'hypothèse où elle était entièrement équitable. « Sed hoc « aliquando remittere prætor debet, si non malitiâ sed « imperitiâ mulieris factum fuerit ne venter inspicere- « tur aut partus custodiretur » (l. 2 §. 1 *de inspic. ventre*). Voyez aussi, dans le même sens, la loi 1 §. 15 du même titre. En somme, l'on arrivait à ne refuser la *bonorum possessio* à l'enfant, que dans l'hypothèse où la femme avait négligé, de mauvaise foi, les formalités prétoriennes.

Ainsi, nous pouvons conclure de ce qui précède, que l'omission ou la négligence de la veuve n'apportait aucune exception, à la force de la présomption *pater is est*.

ves enceintes : « On appelait sages-femes jesques à six au meins « et les faisoit jurer sur saints de leaulment faire et verreyment « présenter en les articles dount eles seront chargés et puis es- « toient chargés que eux sous leur serment enquerguent de la « feme *per tactum ventris* etc., et en touts autres maners dount « eles pourroient estre certifiés lequel est enceinte ou non... Adonque le vicomte fera tele femme mettre en chatel ou ailleurs « en sauvegarde... et si elle eyt un enfaunt dedans les 40 semai- « nes après la mort de sa baron (son mari) adonque soit cet en- « faunt receu al heritage si autre heire ne puisse averrer cet en- « faunt être engendre de autre que del baron ou *s'il puisse aver- « rer que le baron fuit discole ou emprisone en un autre reaulme « avant que cest enfaunt fuit née et après sauns approcher la feme ou « par autre apparunte presumplion communement temoigne de tous « gents ;* en tous ceux cas ne voulons mie que les droits heires « soient deshérités par les putages de le feme. »

Cette disposition est évidemment tirée de la loi romaine et l'on en comprenait alors la sanction comme nous. Le mari n'avait d'autre faculté que celle du désaveu. (Extrait de Littleton V. Houard anciennes lois françaises, t. 1.)

## §. II. — *Accouchement de la femme divorcée.*

52. — Les règles contenant les précautions à prendre, après ce deuxième mode de dissolution du mariage, furent fixées par le Sénatus-consulte Plancien [1]. Son but principal était également de prévenir les suppositions d'enfant, en les rendant sinon impossibles, du moins fort difficiles. Nous allons d'abord passer en revue les obligations qu'il édictait, puis nous nous attacherons à préciser leur sanction.

La première règle importante concernait la femme. Celle-ci devait, dans les trente jours du divorce, dénoncer au mari qu'elle était enceinte de ses œuvres. Le texte suivant de Paul est explicite : (Sent. liv. II, tit. 14, §. 5). « Si mulier divortio facto gravidam se « sciat, intra tricesimum diem viro denuntiare debet, « vel patri ejus, ut ad ventrem inspiciendum obser- « vandumque custodes mittant. » Le même principe se trouve formulé par Ulpien, au titre *de agnoscendis*, loi 1, §. 3. Ce jurisconsulte détermine exactement à qui doit s'adresser cette *denuntiatio*. C'est d'abord au mari, ou bien à l'ascendant qui tient le mari sous sa puissance, ou enfin à leur domicile, si l'on ignore le

---

[1] Ce sénatus-consulte remonte probablement à l'époque de Vespasien. Heineccius pense qu'il doit avoir été fait sous la préture de Plancius Varus, ainsi qu'un autre S.-C. portant le même nom, qui se trouve mentionné dans la loi 59 §. 1, liv. 35, tit. 2 au digeste. Tacite (hist. liv. II ch. 63) parle de ce préteur. Ce qui paraît au moins certain, c'est que ce document est antérieur à un autre S.-C. cité par la loi 3 §. 1 de agnosc. 25-3 au digeste, et qui daterait du règne d'Hadrien.

lieu de leur résidence. (l. 1 §. 2 eod. tit.). La dénonciation adressée par la femme doit porter : Quod sit ex eo prægnans ; elle doit être faite dans les trente jours du divorce, non compris les jours *non utiles*, qui n'entrent pas en ligne de compte.

53. — Il est fort possible cependant, que la femme, au moment du divorce, ne connaisse pas son état de grossesse. Elle peut même l'ignorer pendant tout ce délai de trente jours fixé par le Sénatus-Consulte. Aurait-elle, passé cette époque, perdu la faculté de faire cette *denunciatio* ? Nullement ; la loi 1 §. 7 vise expressément cette hypothèse. Si le délai est expiré, la femme s'adressera au préteur ; celui-ci lui permettra, *causa cognita*, d'accomplir cette formalité. Dans ce cas, la notification, quoique tardive, assure à la femme les mêmes avantages que si elle avait été faite en temps utile. Voilà la première obligation imposée à la femme[1].

Elle doit en second lieu recevoir les gardiens que son mari peut lui envoyer, après sa dénonciation ou même en l'absence de toute dénonciation de sa part, comme nous allons le voir bientôt.

54. — Passons maintenant au mari. Après la signification de sa femme, il possède le choix entre divers partis. Il peut, en premier lieu, se borner à répondre par une contre-dénonciation. La femme lui faisait savoir qu'elle était *ex eo prægnans*, il peut la contredire, et lui notifier *quod non sit ex eo prægnans* ;

---

[1] Mais, *quid*, si la femme accouche avant l'expiration des trente jours qui lui sont accordés pour faire la denunciatio ? Julien décide qu'il n'y a pas lieu d'appliquer le senatus-consulte Plancien. En conséquence l'enfant sera considéré comme né pendant le mariage. Ulpien se range entièrement à cette opinion (v. 1. 1 §. 10, de agnosc.)

nous verrons tout à l'heure que son affirmation l'emportera sur celle de la femme. Il lui est permis en second lieu, s'il le préfère, d'envoyer des gardiens à sa femme, pour faire surveiller sa grossesse et son accouchement. Enfin, dernière alternative, il peut suivre cumulativement les deux partis indiqués ci-dessus, c'est-à-dire, faire une contre-dénonciation et en même temps envoyer des *custodes* à sa femme. Nous étudierons bientôt quel sera le résultat de son choix entre ces diverses décisions.

55. — Il est donc facile de voir comment les choses vont se passer. La femme agira la première, le mari répondra. C'est bien là ce que signifie la loi 1 §. 5 de agnosc. : « Illud notandum est quod denunciatio a « marito non incipit, sed a muliere. » Ce texte ne doit cependant pas être pris au pied de la lettre. Nous pouvons supposer que la femme s'abstient d'agir, le mari ne pourrait-il pas prendre l'initiative ? Nous ne savons pas si le Sénatus-Consulte réglait cette hypothèse ; ce qui est certain, c'est qu'il fut permis au mari d'envoyer des gardiens à sa femme, au cas où celle-ci gardait le silence. La loi 1 §. 6 est formelle ; elle suppose que la femme n'a point voulu recevoir les *custodes* qui lui ont été envoyés, en l'absence de toute dénonciation de sa part[1].

---

[1] Paul dit clairement la même chose, et ajoute que le mari possédait même le droit de faire examiner sa femme, s'il la croyait enceinte. Le §. 8 liv. 2 tit. 24 sent. nous dit comment se faisait cet examen : « Venter inspicitur per quinque obstetrices et quod maxima pars eorum denuntiaverit, pro vero habetur. » Ce dernier droit avait été accordé par un rescrit des *divi fratres*. Ulpien nous dit formellement que le senatus-consulte Plancien ne le donnait pas (l. 1 §. 1 de inspic. ventre.) Il existe une contradiction entre Paul et le texte du rescrit impérial rapporté par Ul-

56. — Arrivons maintenant à la sanction du Sénatus-Consulte. Quelle peine sera encourue, au cas de l'inobservation des formalités qu'il prescrit ? Nous allons répondre en les reprenant dans l'ordre même où nous les avons indiquées.

Supposons, en premier lieu, que la femme a négligé de faire la *denunciatio*, ou qu'elle a refusé d'admettre les gardiens envoyés par le mari. Voici la solution fournie par le §. 6 1. 1 *de agnosc.* : « sed si maritus « ultro custodes offerat et ea non admittat ; vel si non « denuntiaverit mulier ; aut si denuntiaverit quidem « custodes autem arbitrio judicis non admiserit : *li-* « *berum est marito parentive ejus partum non agnos-* « *cere.* » En général, on traduit ces derniers mots littéralement : le mari ne sera pas tenu de *reconnaître* l'enfant. De là viendrait cette restriction de la présomption *pater is est*, que nous croyons devoir combattre. On dit le père aura le droit de nier sa paternité, de méconnaître l'enfant, en un mot, la présomption légale n'existera plus dans l'espèce.

Nous pensons au contraire qu'elle conserve toute sa force, et nous verrons, par la suite, combien cette solution est plus favorable à l'enfant. Cependant, comme la femme n'a point rempli les formalités exigées par le Sénatus-Consulte, une supposition de part est présumée ; il faudra prouver qu'elle n'a pas eu lieu, démontrer la maternité de la femme et l'identité de l'enfant, et quand cette preuve sera faite, celui-ci sera légalement présumé l'enfant du mari. En attendant, le mari ne sera point obligé de lui *fournir des aliments*.

pien dans le fragment précédent. Le rescrit ne parle que de *tres obstetrices*. Paul dit qu'il y en aura cinq, *quinque*. Nous ne savons comment expliquer cette contradiction.

Tel est, croyons-nous, le sens des mots : liberum est marito partum non *agnoscere*[1].

57. — Cette explication est confirmée par le §. 13, l. 1 *de agnosc.* : « Idem (Julien) quoque ait si mu-« lier divortio facto non fecerit ea quæ senatus-consul-« to præcipiuntur, ut liceat patri non agnoscere non « eo pertinere ut filius natus suum se dicere non pos-« sit, *sed ad id tantum, ut ita pater alere eum cogatur* « *si constiterit eum filium esse.* » L'expression du §. 6 n'a pas pour objet, de défendre à l'enfant de se prétendre le fils du mari, mais seulement d'affranchir celui-ci de l'obligation alimentaire, jusqu'au jour où la filiation sera démontrée. Ce jour sera arrivé, quand l'accouchement de la mère et l'identité de l'enfant étant prouvés, la présomption de paternité pourra être invoquée.

Le §. 6, liv. II, tit. 24 des sentences de Paul donne encore la même signification aux termes d'Ulpien. Paul, prévoyant l'inobservation des formalités, par suite de la négligence de la femme, édicte cette seule conséquence : « *liberum est patri vel avo natum non alere.* »

Et d'ailleurs, il nous paraît impossible d'admettre cette destruction de la présomption de paternité, devant une autre opinion de Julien consacrée par Ulpien §. 8, l. 1 *de agnosc.* « Quin imo, etsi in totum omiserit de-« nunciationem, Julianus ait nihil hoc nocere ei quod « editur. » On ne pourrait soutenir, que l'omission de la femme ne nuit pas à l'enfant, si on le mettait dans la nécessité de prouver sa filiation paternelle, par des moyens autres que la présomption légale. On mettrait

---

[1] C'était là, en somme, la seule obligation résultant de la paternité.

à sa charge une preuve excessivement difficile et dont le législateur reconnaît hautement l'impossibilité[1].

58. — Supposons maintenant que la femme a obéi au Sénatus-Consulte. Le rôle du mari commence. Nous devons donc examiner les conséquences de chacun des partis qu'il a le choix de prendre.

Il peut, en premier lieu, répondre à la femme par la contre-dénonciation « quod non sit ex eo prægnans. » Dans ce cas, la supposition de part sera encore présumée à l'encontre de la femme. « Quod si factum fuerit, non alias *necesse habebit agnoscere*, nisi vere filius fuerit. » (§. 4, 1. 1, de agnosc.). Les mots soulignés ont évidemment la même signification dans ce passage que dans le §. 6 du même fragment. Ils n'ont trait en conséquence qu'à une obligation provisoire d'entretien: le mari n'aura point l'enfant à sa charge, tant que la maternité n'aura point été démontrée. Voilà l'explication naturelle des mots : *nisi vere filius erit.*

Nos adversaires, fidèles à leur principe, soutiennent qu'en ce cas la présomption légale est encore détruite. Ils tirent argument contre nous du texte même de la dénonciation, *quod non sit ex eo prægnans*, le mari se contente par là de nier sa paternité, c'est donc uniquement de la paternité qu'on se préoccupe, et l'enfant serait obligé de prouver directement contre le mari, qu'il est en réalité l'auteur de sa conception.

---

[1] Cette idée est démontrée par la nécessité de la présomption *pater is est.* Elle a de plus inspiré la l. 83 tit. *de condict. et demonstr.* au digeste : Un mari institue, comme son héritier, le fils de sa femme, à la condition que ce dernier prouvera directement sa paternité. Paul, partant de cette idée que la preuve ne peut se faire, déclare que, l'institution n'étant pas sous condition potestative de la part du fils institué, elle est frappée de nullité et entraîne la rupture du testament.

59. — Nous ne croyons pas que ce simple argument de texte puisse ébranler notre théorie. En effet, il est contredit par une loi du Code que nous avons eu déjà l'occasion de citer. « Nec filium negare cui- « quam esse liberum *senatus consulta de partu agnos-* «*cendo* ac denunciata poena *etc...* jure manifesto de- « clarant. » (l. 9, Code; *de patria potestate*). On entend par, *S-C de partu agnoscendo*, le Sénatus-Consulte Plancien, et un autre rendu sous Hadrien, dont nous parlerons plus tard. La loi 9 affirme que le Sénatus-Consulte Plancien défend manifestement au père de nier sa paternité. Il est donc certain que l'on ne saurait attribuer cette signification aux termes de la contre-dénonciation.

D'ailleurs, ce serait inconséquent dans une législation qui pose en principe la règle *pater is est*. Le législateur ruinerait d'une main l'édifice qu'il a construit de l'autre. Il aurait été inutile de dire que l'enfant conçu pendant le mariage appartient au mari, si l'on avait permis à celui-ci, en un cas devenu très-fréquent à l'époque où fut édicté le Sénatus-Consulte Plancien, de faire tomber cette présomption par une affirmation gratuite. Le mari n'aurait eu qu'à répudier sa femme dans le seul but de dénier sa paternité; il aurait pu se dérober à son gré au principe fondamental du droit de famille.

Combien au contraire notre explication semble plus rationnelle. Si le mari refusant d'envoyer des gardiens, répond par la contre-dénonciation *quod non sit ex eo prægnans*, la charge provisoire de l'enfant incombera à la femme. Mais cet état provisoire ne saurait se prolonger. Celle-ci s'entourera de preuves, elle se soumettra d'elle-même à des *custodes*, qui, après la naissance de l'enfant, témoigneront à la fois de son identité et de l'accouchement de la mère. Alors la situation créée par la contre-dénonciation du mari existera. La présomption *pater is est* s'appliquera dans toute sa force, l'enfant *vere filius erit.*

60. — Le mari peut, en seconde hypothèse, se contenter d'envoyer lui-même des gardiens à sa femme. Ici le résultat n'est pas douteux. Les *custodes* du mari seront à même d'empêcher toute supposition de part ; l'enfant, étant certainement le fruit de la grossesse de la femme, se trouvera rattaché au mari par la présomption légale. C'est ce qui est affirmé par les textes : « Quibus missis, partum mulieris omni modo cogitur agnoscere. » Paul, sent. liv. 2, tit. 24, §. 5[1].

Ulpien donne aussi la même solution, mais son texte est un peu moins clair, et pourrait prêter à confusion. C'est le §. 11, de la loi 1 *de agnosc.* « Quemadmodum « per contrarium si maritus uxore denunciante, cus- « todes miserit, nullum præjudicium sibi faciat. Lice- « bit igitur ei partum editum ex se negare ; nec ei « nocebit quod ventrem custodierit. »

Les mots *nullum præjudicium sibi faciat,* opposés à la phrase suivante révèlent la pensée d'Ulpien. Le jurisconsulte veut dire : l'envoi de gardiens, fait par le mari, n'emporte pas de sa part reconnaissance qu'il est l'auteur de la grossesse.

Il agit ainsi pour prévenir une supposition de part au moment de l'accouchement. Plus tard, s'il a des motifs suffisants pour renverser la présomption *pater is est,* il conserve, nonobstant l'envoi des *custodes,* le

---

[1] Schulting a enseigné l'opinion contraire. Il lisait au texte cité : Quibus *non* missis. Cette doctrine n'a point été suivie.

droit absolu de les faire valoir, et d'agir en désaveu contre l'enfant né de sa femme.

61. — Le mari peut enfin prendre un troisième parti ; il peut à la fois contre-dénoncer à sa femme *quod non sit ex eo prægnans*, et envoyer des gardiens pour la surveiller. Dans ce cas, le résultat doit être le même que dans le précédent. La maternité ne saurait faire aucun doute, puisque l'accouchement aura été surveillé dans l'intérêt de chacun des anciens conjoints. C'est bien là ce qui paraît ressortir de la seconde partie du §. 11 déjà cité. Cette phrase montre que dans l'hypothèse qui nous occupe la solution est la même que dans l'espèce précédente ; elle montre surtout, à notre avis, que la *denunciatio* du mari ne suffit pas pour affaiblir ou renverser la présomption *pater is est*, puisque, en un cas où elle a été adressée à la femme, on estime nécessaire, de réserver expressément au mari son droit au désaveu.

62. — Qu'arriverait-il si le mari n'avait observé aucune des formalités prescrites? La solution s'impose. Une telle abstention de sa part prouve qu'il a eu confiance entière en sa femme. Il sera donc tenu de nourrir l'enfant, jusqu'à ce qu'il l'ait désavoué, ou qu'il ait démontré la non-maternité de la femme, « Pœna « autem mariti ea est ut nisi aut custodes præmiserit « aut contra denuntiaverit non esse ex se prægnantem « cogatur maritus partum agnoscere ; et si non agno- « verit extra ordinem coercetur. §. 4. Si le mari se refuse à fournir des aliments il y sera contraint par une *persecutio extra ordinem*.

Le §. 12 nous avertit encore que cette obligation n'est que provisoire ; mais il ajoute : « Quandoque « enim cœpit causa agi, grande præjudicium adfert

« pro filio confessio patris. » L'aveu tacite du père constitue un préjugé en faveur de l'enfant. Cela confirme la solution que nous donnons. Le père en négligeant les formalités édictées par le S-C., reconnaît tacitement la maternité de l'enfant. Celui-ci n'aura donc pas à la démontrer quand le débat s'engagera ; le fardeau de la preuve sera tout entier à la charge du père : c'est bien là une *grande præjudicium pro filio*.

63. — Il est utile, maintenant, de donner un coup d'œil d'ensemble, en comparant l'hypothèse actuelle avec celle que nous avons étudiée dans le paragraphe précédent.

L'édit du préteur relaté au titre *de inspiciendo ventre* et le Senatus-Consulte Plancien visent au même but. Ils sont partis de là même idée, exprimée par Ulpien dans des termes devenus célèbres : « Publice « enim interest partus non subjici, ut ordinum digni- « tas, familiarum que salva sit. » (l. 1, §. 13, *de insp. ventre.*)

Les formalités qu'ils exigent sont les mêmes, ou pour parler plus exactement, se ressemblent autant que peut le permettre la différence des situations. Les sanctions présentent les mêmes analogies.

Quand les prescriptions légales ont été suivies par la femme, la maternité est certaine, la présomption *pater is est* s'applique à l'enfant.

Elle lui vaut, dans une hypothèse, *la bonorum possessio* des biens paternels, accordée par le préteur *cognita causa*. Dans l'autre cas, où le mari existe encore, ce même magistrat l'oblige, à la suite d'une *persecutio extra ordinem* (l. 1 §. 4, 25-3 dig.), à fournir des aliments à l'enfant.

Si, au contraire, les formalités exigées n'ont pas été

accomplies, la maternité n'étant plus certaine à l'égard du mari ou de ses représentants, les principes s'opposent à l'application de la présomption de paternité, jusqu'à l'époque où l'enfant aura démontré la certitude de sa filiation maternelle. En conséquence, la *bonorum possessio* carbonienne, ou la créance d'aliments contre le mari, lui sont provisoirement retirées.

Cette solution présente l'avantage de déterminer exactement la situation de l'enfant pendant une période qui durera souvent jusqu'au temps de sa puberté[1].

### §. III. — *Accouchement durant le mariage.*

64. — Ici, nous sommes réduits à des conjectures.

Ulpien (l. 3, §. 1 *de agnosc.*) nous dit expressément que le Plancien ne s'appliquait qu'aux enfants nés après le divorce. Mais, ajoute-t-il, un Sénatus-Consulte, rendu au temps d'Hadrien, s'est occupé de l'hypothèse où la naissance a eu lieu « constante matrimonio. »

Quelle pouvait être la teneur de ce S-C. ?

Rien ne vient nous le révéler. Peut-être, et c'est ce

---

[1] En effet, des constitutions impériales avaient généralisé la règle posée par l'édit Carbonien. Ce n'est plus seulement au cas où la question d'état se compliquait d'une question successorale, qu'il était sursis jusqu'à l'époque de la puberté, c'est dans toute hypothèse possible. La loi 3 §. 2 dig. de Carboniano edicto 37-10 est formelle en ce sens. Nous devons dire cependant que la question est controversée.

qui nous paraît le plus probable, étendait-il quelques dispositions du Sénatus-Consulte Plancien au cas où le mariage durait encore. Dans certaines hypothèses, comme l'absence du mari, les suppositions de part étaient à craindre.

Ce qui nous conduit à penser qu'il avait un but analogue à celui du S-C. Plancien, c'est qu'il est mentionné, après que l'on a complètement exposé les règles contenues dans ce dernier. Ce qui est en tout cas certain, c'est qu'il n'a aucunement modifié les règles sur la force de la présomption de paternité. Il n'existe pas un seul texte permettant de penser qu'il aurait produit un tel résultat.

Quoi qu'il en soit, ne nous égarons pas dans le champ des hypothèses et reconnaissons que si des documents nouveaux ne viennent point nous éclairer sur la teneur de ce document, nous sommes dans l'impossibilité complète de le reconstituer.

# CHAPITRE IV

DU RENVERSEMENT DE LA PRÉSOMPTION LÉGALE DE
PATERNITÉ

## SOMMAIRE

65. — Les cas de désaveu n'étaient pas limités en droit romain. Néanmoins on ne pouvait l'intenter que pour des raisons très-graves.

66. — Absence du mari.

67. — Suite.

68. — Impuissance. — L'impuissance naturelle ne pouvait être alléguée pour désavouer un enfant.

69. — Le désaveu était permis pour cause d'impuissance accidentelle résultant d'une mutilation ou d'une maladie.

70. — L'impuissance résultant d'un accident antérieur au mariage n'aurait pu être invoquée.

71. — Temps pendant lequel devait avoir duré l'impuissance accidentelle.

72. — Impuissance résultant de l'âge avancé. §. 3 tit. 16, règles d'Ulpien.

73. — Elle ne pouvait autoriser le désaveu.

74. — L'impossibilité morale de cohabitation pouvait être alléguée.

75. — Il devait exister une action en désaveu. Conjectures sur sa forme.

76. — Le mari ou son *paterfamilias* devaient seuls pouvoir l'intenter.

77. — Le mari aurait même pu l'exercer *invito patre*.

78. — Cette action passait-elle aux héritiers du mari ?

79. — Comparaison entre le droit classique et l'ancien droit de Rome.

80. — Le seul changement apporté sous le Bas Empire fut l'extension de la présomption au concubinat.

---

65. — En droit romain, la présomption *pater is est* n'était point absolue ; la preuve contraire pouvait la détruire. Notre législation actuelle pose encore ce principe, mais avec certaines restrictions. Elle limite étroitement les cas de désaveu, et fixe les seules hypothèses dans lesquelles il sera permis de se soustraire à l'application de la règle.

Aucune limitation de ce genre n'existait à Rome. Il semble dès lors que l'action en désaveu[1], était admissible quelle que fut la raison donnée pour la motiver, que la présomption pouvait être renversée par un motif quelconque. Au fond, la législation romaine ressemblait beaucoup à la nôtre, malgré ces différences apparentes. Les cas d'admissibilité du désaveu n'étaient point déterminés, cela est vrai, mais la nécessité de cette limitation n'existait pas, étant donné le système de la procédure formulaire. Quand un romain voulait intenter une action en justice, il devrait s'adresser au préteur pour obtenir une *formule*. Le magistrat la refusait, si les preuves invoquées par l'impétrant ne lui paraissaient pas suffisantes. Cela équivalait à peu près à une limitation légale.

---

[1] Ce mot n'est pas romain, mais nous l'emploierons à cause de sa précision.

D'autre part, il est certain que la présomption de paternité du mari ne pouvait être renversée que pour des raisons graves et absolument déterminantes. Le fondement de la règle consiste dans la cohabitation entre les époux dont le législateur possède presque la certitude. Il faut donc, pour se refuser à l'appliquer, prouver l'impossibilité de cette cohabitation. La simple raison impose ce résultat, et les jurisconsultes romains ne l'ont point méconnu. Il ressort des textes que nous allons produire, cette pensée certaine, qu'il faut prouver une impossibilité soit physique, soit morale de cohabitation, pour que le juge, admettant la demande, prononce l'illégitimité de l'enfant.

66. — La loi 6, de *his qui sui vel alieni juris...* (1-6 dig.), donne les principes sur la matière. Le cas prévu en premier lieu est celui d'impossibilité de cohabitation par suite de l'absence du mari. « *Sed si fingamus abfuisse maritum verbi gratia per decennium, reversum, amniculum invenisse in domo sua, placet nobis Juliani sententia, hunc non esse mariti filium.* »

Il est certain que, dans l'hypothèse choisie par le jurisconsulte, aucun doute n'est possible. Le mari a vécu pendant dix ans loin du domicile conjugal, loin de son épouse. En revenant il trouve un enfant encore à la mamelle, (anniculus), il est évident qu'il ne saurait en être présumé le père. Le même Ulpien, dans la loi 1, §. 14 de agnosc. (25-3 dig.), donne une espèce analogue : le mari, absent depuis longtemps, revient au foyer conjugal, et retrouve sa femme en état de grossesse. Déclarer l'enfant fils du mari, serait une véritable injustice, proclame le jurisconsulte : *satis injuriosum.*

Mais il est un point à remarquer : Ulpien suppose que le mari a fait une longue absence (dix ans en un cas, *longum tempus* dans l'autre.) Est-ce à dire que la question serait plus douteuse, si l'absence du mari, au lieu de durer plusieurs années, n'en avait duré qu'une seule, ou moins encore ? Nous ne le croyons pas. Il suffit rationnellement, et c'était probablement la pensée du jurisconsulte, que le mari se soit trouvé éloigné de sa femme pendant toute la durée de la période de conception. Or, cette durée nous l'avons déterminée ; les présomptions légales sur la longueur des grossesses ont eu surtout pour but de la préciser. Elle s'étend, en principe, depuis le commencement du septième mois, jusqu'à la fin du dixième avant la naissance de l'enfant. La présomption *pater is est* sera renversée, si le mari démontre que, pendant cette période entière, il a vécu loin de son épouse. Telle doit être, à notre avis, la pensée d'Ulpien.

67. — On comprend très-bien, d'ailleurs, que le jurisconsulte n'ait point employé de termes plus précis. Il suffit pour cela, de ne point oublier ce que nous avons exprimé déjà dans le numéro 37. Les présomptions sur la durée de grossesses peuvent être elles-mêmes combattues par la preuve contraire. Ce principe exerce une influence directe sur la question que nous examinons. Le désaveu du mari dont l'absence ne remonterait pas au delà du dixième mois, pourra être combattu, nonobstant la présomption légale, par la preuve d'une plus longue durée de la grossesse. Si cette démonstration est fournie, la règle *pater is est* ne cessera pas d'être applicable, et l'enfant sera réputé *justus*. C'est au juge qu'incombait le soin de trancher cette délicate question de fait. Il est pro-

bable que la formule donnée par le préteur devait circonscrire ses pouvoirs dans des limites assez étroites, et l'obliger à se prononcer en faveur de la légitimité de l'enfant, quand un doute subsistait dans son esprit.

Cette dernière idée nous explique encore le silence des textes sur les autres caractères que devait présenter l'absence du mari. Quelle distance, par exemple, devait séparer les deux époux? C'était une question de fait laissée à l'appréciation souveraine du *judex*. Peu importe que l'éloignement eût été plus ou moins considérable, s'il lui semblait que la réunion des époux avait été impossible à l'époque de la conception de l'enfant; s'il lui restait un seul doute, il rejetait la demande du mari. Ces diverses idées découlent nécessairement des principes que nous trouvons seuls posés dans les textes qui nous sont parvenus.

68. — La seconde cause de désaveu indiquée par Ulpien est tirée de l'impuissance du mari. « Sed mihi videtur quod et Scævola probat, si constat maritum aliquandiu cum uxore non concubuisse *infirmitate interveniente*, vel alia causa, vel si ea valetudine paterfamilias fuit, ut generare non possit : hunc qui in domo natus est, licet vicinis scientibus, filium non esse. » (ead. lege).

Il importe de distinguer plusieurs sortes d'impuissances. Il peut y avoir impuissance naturelle, impuissance accidentelle, impuissance résultant de l'âge avancé. L'homme affligé de la première est appelé *spado* dans les textes. Le spado peut se marier alors que le mariage contracté par le *castratus* n'est pas valable. Cette distinction est faite expressément au digeste : « si spadoni mulier nupserit, distinguendum arbitror, castratus fuerit necne » (l. 39 §. 1, *de jure dot* V. aussi l. 14 §. I, de *manumiss. vind*).

Aucun texte ne fournit la raison d'une pareille distinction, mais elle se comprend sans peine. L'impuissance naturelle échappe à toute constatation, elle ne peut être démontrée. En conséquence on ne saurait annuler le mariage pour ce motif.

Nous appliquerons la même idée au désaveu, et nous sommes logiquement autorisés à le faire, malgré le silence des jurisconsultes. S'il est impossible de vérifier l'impuissance naturelle, comment pourrait-on ajouter foi au mari, quand il alléguera ce motif pour faire écarter sa paternité? La règle ne souffre d'exceptions que devant une preuve certaine, celle qu'il produit ne l'est pas.

D'ailleurs, on pourrait même soutenir que la question est tranchée par notre fragment 6. En effet, Ulpien ne fait allusion qu'à deux causes d'impuissance : *Infirmitas, valetudo*. Or l'impuissance résultant de ces deux causes est accidentelle, puisque ces deux causes le sont elles-mêmes.

69. — L'impuissance propre à motiver le désaveu peut donc résulter, soit d'un accident externe, (c'est ainsi, croyons-nous, que l'on doit traduire le mot *infirmitas*) soit de l'état valétudinaire du mari. Il faut, dans ces deux cas, qu'elle ait pu mettre certainement obstacle à la cohabitation entre les époux. Le texte le laisse très-clairement comprendre.

Quant à sa durée, nous devons répéter ici ce que nous avons exprimé relativement à l'absence. Il faut que les relations conjugales n'aient pu s'établir un seul instant pendant la période légale de conception-Le jurisconsulte emploie encore une expression vague, pour montrer que cette période n'est point péremptoirement limitée aux termes fixés par les textes, il dit : *aliquandiu* (assez longtemps.)

En pareille matière tout dépend donc de l'entière conviction du juge.

70. — On pourrait se demander, si l'impuissance résultant d'un accident, blessure ou mutilation, pourrait être alléguée, dans le but de désavouer un enfant, quand l'infirmité se trouvait antérieure au mariage. Cette question est vivement controversée dans notre droit moderne, et nous la retrouverons plus tard. En droit romain elle ne pouvait guère se poser. Le *castratus* n'avait point la capacité de contracter un mariage valable. Néanmoins, on peut admettre qu'au mépris de la loi il ait réussi à tromper sa fiancée. Dans ce cas, nous sommes convaincus qu'on ne lui aurait point permis de désavouer l'enfant né de sa femme, en vertu du principe célèbre qui nous reste encore du droit romain : *nemo audidur turpitudinem suam allegans.*

D'ailleurs, la loi 6 paraît adopter expressément cette idée : *infirmitate interveniente.* Ces mots indiquent, à ne pas s'y tromper, un accident arrivé au cours du mariage et non antérieurement à son existence.

71. — Nous devons faire remarquer encore, qu'il ne sera point nécessaire que l'impuissance accidentelle ait une durée aussi longue que celle précédemment exigée. La chose est évidente par elle-même. Supposons un mariage dissous par la mort du mari. La maladie l'a rendu incapable de cohabiter avec son épouse pendant deux mois avant son décès. La veuve accouche dans le dixième mois après la dissolution des justes noces. Il est certain, dans ce cas, que l'enfant

ne saurait être réputé *justus*. L'impuissance du mari a persévéré pendant la durée de toute la fraction de la période de conception se plaçant dans le mariage, cela suffit pour renverser la présomption *pater is est.* Voilà un résultat souvent équitable, que nous aurons le regret de ne pas admettre dans notre étude sur le Code Civil.

72. — Voyons maintenant, si l'impuissance résultant de l'âge pouvait motiver un désaveu. La question est plus douteuse dans cette hypothèse qu'au cas d'impuissance naturelle.

La loi romaine paraît, en effet, croire parfois qu'il est impossible à un sexagénaire de devenir père de famille. C'est ce qui semble découler d'un texte d'Ulpien, (*reg.* tit. 16 §. 3) voici à quel propos. On sait que les lois caducaires, portées dans le but d'augmenter la population de l'empire, frappaient de peines diverses les célibataires. Pour éviter leurs déchéances, il était nécessaire de contracter mariage. Or il est dit dans le passage cité, que l'homme parvenu à soixante ans ne pouvait plus échapper à leurs sévérités en se mariant. Il semblerait résulter de cette idée, que la loi le réputait incapable de procréer. En conséquence, on devrait l'admettre à désavouer pour cause d'impuissance l'enfant mis au jour par son épouse.

73. — Cependant, ce raisonnement ne saurait nous toucher et nous adoptons la solution contraire. Le texte dont s'agit, n'a point la portée qu'on voudrait lui donner. Les lois caducaires pouvaient très-bien punir un citoyen qui avait persisté, jusqu'à un âge aussi avancé, à négliger leurs prescriptions, sans édicter à son égard une présomption d'impuissance. On sévissait contre lui parce qu'il avait

été négligent, et qu'il était simplement probable qu'il ne donnerait pas d'enfants à l'empire. Mais on était également loin d'affirmer que la postérité qui naîtrait de sa femme, ne proviendrait pas de ses œuvres. Une telle présomption aurait été sans doute démentie quelquefois par les faits. En somme, il n'existait pas, dans l'hypothèse présente, plus de certitude de la non-paternité du mari qu'au cas d'impuissance naturelle ; on devait donc ne pas admettre le désaveu fondé sur cette cause.

74. — Ce que nous avons dit jusqu'ici sur les causes du désaveu se rapproche assez de notre législation moderne. Arrivons à la vraie différence. Elle consiste en ce que, à Rome, l'impossibilité morale de cohabitation pouvait être alléguée pour le renversement de la présomption de paternité. Le mari était absolument libre d'arguer de tous les *faits propres à démontrer qu'il n'était pas le père de l'enfant* [1]. Ainsi, dissentiment grave survenu entre les époux, désaccord de notoriété publique, séparation de fait accomplie sans recourir au divorce, tout cela pouvait être pris en considération par le juge, et motiver de sa part une sentence de désaveu à l'égard de l'enfant né de la femme.

Ce principe ressort de deux mots de notre loi 6, qu'on laisserait au premier abord passer inaperçus : *vel aliâ causâ*. Le jurisconsulte a déjà précisé les cas d'impossibilité physique de cohabitation ; les termes vagues qu'il ajoute ne peuvent donc se rapporter qu'à l'impossibilité morale. Il était inutile de chercher à préciser dans cette hypothèse, comme il l'avait fait dans la première, les circonstances pouvant varier à l'infini.

_______________

[1] Expressions employées par le Code Civil, art. 313, 325.

De l'idée que nous venons d'exprimer il résulte que l'adultère, corroboré par d'autres motifs, pouvait permettre le désaveu. Le résultat exceptionnel consacré chez nous par l'art. 313 du Code Civil était le principe à Rome. — Mais il est absolument certain, que l'adultère de la femme pris à part, et en dehors de toute circonstance rendant probable la non-paternité du mari, ne pouvait être un motif suffisant. C'est ce qui ressort explicitement d'un texte de Papinien : « nam non utique crimen adulterii quod mulieri obji-« citur infanti præjudicat, cum possit et illa adultera esse « et impubes defunctum patrem habuisse. »

Les moyens, de désaveu n'étaient donc pas limités. La sentence du juge n'avait d'autre base que sa conviction, et son pouvoir d'appréciation était souverain.

75. — Nous avons jusqu'ici employé le mot *désaveu* nous ne le voyons jamais dans les textes, nous n'en trouvons même pas d'analogue. Cependant il devait nécessairement exister une action destinée à retirer à l'enfant issu de l'adultère, le bénéfice de la présomption *pater is est*. Indiquons en terminant les conjectures que l'on a déjà faites sur cette action.

Un point bien certain, c'est qu'elle devait être conçue dans la forme des *præjudicia*. Toutes les questions relatives à l'état des personnes se tranchaient au moyen de *præjudicia*. Pendant longtemps même, on a cru que les *præjudicia* ne pouvaient avoir que cet objet. Nous savons que le *præjudicium de partu agnoscendo*, dont il est question à propos de l'entretien et de la nourriture des enfants, était intenté par la femme contre le mari, pour obliger celui-ci à les reconnaître. Un *præjudicium* en sens inverse devait exister très-probablement pour lui permettre de les désavouer.

76. — Quelles sont les personnes qui pouvaient intenter ce *præjudicium*? En principe, le mari seulement. Mais il paraît certain que le *paterfamilias,* qui le tenait sous sa puissance, avait le même droit. En effet, les dénonciations imposées à la femme divorcée par le S.-C. Plancien pouvaient s'adresser au *paterfamilias* du mari. Celui-ci avait donc la faculté d'y répondre et celle de désavouer l'enfant ; cela ressort explicitement du rapprochement entre les divers fragments du livre 25, titre 3 au digeste.

77. — Mais le mari aurait-il pu agir en désaveu *invito patre*? Nous adoptons l'affirmative en nous basant sur la loi 6 §. 2 *ad. leg. Juliam adulteriis.* Ce texte accorde au mari le droit de poursuivre sa femme adultère, contre l'avis du *paterfamilias.* Les mêmes raisons existent pour lui accorder celui de désavouer un enfant.

D'ailleurs, on peut donner un autre argument d'analogie. Quand un *paterfamilias* voulait adopter un étranger comme *nepos ex filio*, le consentement du *filius familias* était exigé. Les institutes donnent de ce principe une raison qui vient évidemment du droit classique : « ne ei invito suus hæres adgnascatur. » Ce résultat ne se produirait-il pas, si le *paterfamilias* pouvait forcer son fils à ne pas désavouer un enfant qu'il sait lui être étranger ?

78. — Cette action en désaveu passait-elle aux héritiers du mari ? Aucun texte ne vient résoudre la question ; nous sommes bien portés à croire que ce *præjudicium* était intransmissible. En droit romain, l'agnation découlait également de la procréation ou de la

simple volonté du *paterfamilias*. On pouvait toujours soutenir que ce dernier, mourant sans exercer le désaveu, avait sinon reconnu l'enfant comme sien, du moins manifesté la volonté de le garder *loco filii*.

Mais il était un cas dans lequel les héritiers pouvaient attaquer eux-mêmes l'enfant, au sujet d'une paternité que celui-ci aurait invoquée contre eux. C'est quand la naissance se plaçait à une date telle, que la conception avait dû forcément s'opérer en dehors du mariage. Il n'y avait point alors à parler de désaveu, il s'agissait uniquement de ce que nous appelons aujourd'hui une simple *contestation de légitimité*.

79. — Tels ont été, d'après les rares indications que nous fournissent les textes des jurisconsultes, les principes sur la paternité du mari durant l'époque classique.

C'est à ce moment où la jurisprudence romaine était parvenue à son apogée, que nous avons voulu nous placer pour l'étudier. Assurément, une présomption *pater is est* existait dans l'ancien droit de Rome ; mais ses effets n'avaient qu'une importance bien secondaire. A cette époque primitive, le *paterfamilias* nous apparaît comme un autocrate dans la famille. Il peut en expulser tel ou tel membre à son gré, il peut exposer, vendre et parfois mettre à mort son propre fils. Celui-ci ne possède aucun droit, il est la chose du *pater*, et la puissance paternelle est créée tout entière dans l'intérêt de ce dernier.

A l'époque classique, au contraire, ces idées se sont déjà profondément modifiées. L'obligation de nourrir l'enfant a été imposée à son auteur. Ces droits terribles de vente, d'abandon, de vie et de mort, se sont à peu près évanouis. Paul nous parle un langage plus humain : *necare videtur non tantum is qui partum perfocat, sed et is qui abjicit et qui alimonia denegat* (l. 4, 25-3 dig.) C'est alors qu'il devient important de déterminer la paternité, pour assurer l'entretien de l'enfant ; c'est alors qu'il est nécessaire de la fixer, pour que le père ne puisse, à son bon plaisir, se soustraire à l'obligation que la loi et la nature mettent à sa charge.

80. — Nous n'avons également point parlé du droit du Bas Empire. Un seul changement fut apporté à cette époque. Nous voyons apparaître alors une nouvelle catégorie d'enfants, les *liberi naturales*, issus du concubinat. La présomption *pater is est* cessant de s'appliquer exclusivement au mariage, leur fut étendue. Cette extension avait pour objet, tantôt de les favoriser, tantôt, au contraire, de rendre leur situation moins avantageuse. Elle leur était utile en ce sens qu'ils pouvaient être légitimés par le mariage subséquent de leurs auteurs. Elle leur nuisait en dehors de cette hypothèse, car leur situation d'enfants naturels leur faisait refuser tout ou partie de la capacité de recevoir par donation ou testament de leur père présumé.

Ce point excepté, les règles posées par les grands jurisconsultes n'ont pas été modifiées. Nous les retrouverons même en vigueur longtemps après la chute de l'empire d'Orient.

# ANCIEN DROIT

## §. I<sup>er</sup>. — *Coutumes Celtiques.*

81. — Notre droit n'est que le résultat de la fusion
opérée entre les règles romaines d'une part, et les coutumes celtiques et germaniques de l'autre. Il est donc
intéressant pour nous, de rechercher, parmi ces dernières, celles qui se rapportent au sujet que nous
traitons.

Quant aux usages des Gaulois, César et Tacite nous
fournissent quelques documents. De plus les historiens
sont arrivés à en trouver d'autres.

En effet, la Grande Bretagne a été primitivement
peuplée par la race Celtique. Il est constant en outre
que lorsque les Saxons ont fait invasion dans cette île,
les Celtes échappés au massacre[1] se concentrèrent dans
les montagnes de Cornwal et de Cambrie. Ils formèrent
le peuple de Galles qui resta indépendant et étranger à
l'élément anglo-saxon, jusqu'à une époque relativement
rapprochée de nous. Or, nous connaissons un certain
nombre de détails sur la législation et les mœurs des
Gallois. Hoël-le-Bon, roi de Galles, fit rédiger en
l'année 940 un code des anciennes lois Galloises, une
sorte de coutume. Ces lois prenaient leur source dans
des usages datant d'une époque immémoriale, et qui
n'avaient point eux-mêmes pris naissance sur le sol de la
GrandeBretagne. Elles provenaient des anciennes coutumes celtiques que nous voulons connaître ; elles nous
serviront à indiquer quels pouvaient être les principes

---

[1] Lors de l'invasion en 449, les Saxons mirent à mort un nom-
bre si considérable de Bretons, qu'un historien a pu dire que la
Bretagne parut à cette époque comme dépouillée de ses habitants
( V. Laferrière, hist. du dr. t. 2, p. 49).

réglant la paternité du mari à cette époque primitive[1].

82. — Du jour où le mariage devient une institution réglementée soit par la loi, soit par l'usage, la présomption de paternité du mari s'établit. Elle peut avoir plus ou moins de force, céder devant une simple déclaration ou ne s'évanouir que devant un serment, une preuve même, mais le germe en existe. Cette présomption se rencontre dans le droit celtique.

L'institution du mariage était en vigueur à cette époque, César en témoigne formellement. On est même arrivé à déterminer approximativement le régime pécuniaire qu'il introduisait[2]. César parle des *uxores* des Gaulois dans plusieurs passages. Mais la question de savoir si la polygamie était admise paraît être douteuse. Dans le Com. VII §. 66, le conquérant semble dire que chaque homme avait une seule épouse. Dans le C. VI §. 19, au contraire, il ferait croire à la pluralité des femmes. Les auteurs pensent en majorité que la monogamie était la règle générale. Les chefs, les

[1] M. Chambellan critique l'idée que nous exposons, dans ses études sur l'histoire du droit français. D'après lui, la Bretagne n'aurait pas été peuplée d'abord par des Celtes. En admettant d'ailleurs que ce point fût démontré, il ne serait pas possible, ajoute-t-il, de rechercher les coutumes celtiques dans les lois d'Hoël-le-Don. Nous n'avons point à discuter cette opinion. Il nous suffit de faire remarquer que l'avis que nous exprimons est conforme à celui de César et des autres historiens de l'antiquité. Tacite, gendre d'Agricola qui connaissait les deux pays, le partage également (V. Tacite, Agricola, 11). De plus, cette opinion est celle de la majorité des auteurs qui ont traité de l'histoire du droit celtique. (V. Valroger, Gaule celtique p. 2.)

[2] Laferriere, op. cit. l. 2 p. 78 et suiv.

personnes d'un rang élevé auraient seuls pu prendre
plusieurs épouses. Ce qui rend cette hypothèse vraisemblable, c'est qu'il en était ainsi chez les Germains
d'après un texte formel de Tacite[1].

83. — Quoiqu'il en soit, une présomption de paternité existait à l'égard du mari. Un passage de l'empereur Julien (*orat.* xvi) nous fait connaître le trait
suivant.

Quand un Gaulois des bords du Rhin soupçonnait
n'être point le père de l'enfant né de sa femme, il
obligeait celle-ci à le jeter dans le fleuve. Si l'enfant
disparaissait dans les flots on le réputait issu de l'adultère ; s'il surnageait, au contraire, la femme était dé-
clarée innocente, et la paternité du mari présumée.
Cette coutume barbare n'était autre qu'un désaveu ru-
dimentaire. Si le mari se trouvait obligé de recourir à
ce moyen extrême, pour dénier sa paternité, c'est que
la coutume la réputait certaine. La mort de l'enfant
seule renversait cette présomption. Si, par suite d'un
hasard quelconque, l'enfant survivait, la présomption
se trouvait confirmée. Cet usage grossier, reposait sur
l'idée qui servit plus tard de fondement au *jugement
de Dieu*, malheureusement cette seconde épreuve survécut pendant de longs siècles à la précédente.

84. — Il existe, d'ailleurs, un passage fort curieux
dans les commentaires de César. (C. 5 § 14.) Le conquérant raconte son expédition chez les Bretons. Après
avoir fait remarquer qu'ils ressemblent beaucoup aux
Gaulois du continent, qu'ils ont les mêmes mœurs,
les mêmes habitudes, César ajoute qu'ils pratiquent la
communauté des femmes[2]. Ce qu'il importe de re-

[1] Valroger, op. cit. p. 174.
[2] On a fait beaucoup de conjectures sur le passage de César,

marquer, ce sont les derniers mots de ce  texte. Après avoir dit que les frères ou d'autres parents ont souvent dix ou douze femmes communes, il ajoute : *sed si qui sunt ex his nati eorum  habentur liberi  quo  primum virgo quæque deducta est*. C'est une présomption légale de paternité. La coutume  assignait  un seul  père  à l'enfant né d'une femme commune.

Si, comme cela paraît probable, le même usage fut primitivement suivi par les Gaulois, il y a de fortes raisons de croire que cette présomption de  paternité, jugée déjà nécessaire à cette  époque, lui survécut, pour s'appliquer au mari unique de la mère.

85. — Les lois d'Hoël-le-Bon semblent bien confirmer cette manière de voir. Nous allons rencontrer ici la règle *pater is est* et le moyen légal à employer pour la renverser. Elles indiquent, en effet, trois modes légitimes de désaveu [1].

Le premier est celui où le père désavoue seul. Il

M. Aurélien de Courson (hist. des orig. de la Bretagne armoricaine) a proposé une explication à laquelle se sont ralliés plusieurs auteurs. César aurait été trompé par l'usage de lits à compartiments, qui a persisté longtemps encore en Bretagne ; de là, l'apparence d'une promiscuité grossière, qui en réalité n'était point admise. C'est peut-être répondre d'une manière insuffisante à une affirmation catégorique de César, surtout, si l'on songe que le même fait est avancé par Strabon (liv. IV, ch, 5, 4. V. aussi Dion, liv. LXII, 6, LXVI, 13.)

Quoiqu'il en soit, cette communauté des femmes ne régnait pas dans les Gaules à l'époque de César. Il est cependant probable qu'elle dût y être admise dans le principe, comme chez les Bretons. Elle fut de bonne heure remplacée par la polygamie, à l'époque de l'apparition du culte druidique (Ginoulhac, *hist. du dr.* — Giraud, *essai sur l'hist. du dr.* — Lehueron, *inst. carol.* t. 2.)

[1] Ancien texte latin inséré dans la collection des : *ancient laws and institutes of Wales. — London,* 1841.

doit jurer, en posant sa main droite sur l'autel et sa main gauche sur la tête de l'enfant, que celui-ci n'est pas son fils. Si le père est mort, les parents principaux, ceux qui forment la tête de la race, *(caput gentis)* désavouent, en se faisant assister de six personnes qui jurent avec eux. En dernière hypothèse, à défaut de parents, quarante hommes sont admis à nier la filiation légitime.

Ce désaveu n'était pas toujours péremptoire. La femme noble pouvait en détruire l'effet, mais elle seule. Elle était admise à jurer avec sept femmes de même noblesse, que l'enfant provenait en réalité des œuvres de son mari.

Il est infiniment probable que cette loi Galloise consacrait quelque ancienne coutume apportée de la terre celtique. Chez les Gaulois du continent, la règle *pater is est* devait donc s'appliquer jusqu'au serment du mari. Les formes seules de ce serment avaient changé sous Hoël-le-Bon.

86. — Nous devons observer que cette présomption existait surtout au profit du père. Cela nous fera comprendre comment une simple déclaration du mari pouvait la renverser. L'enfant Gaulois ne paraît pas avoir pu exiger quelque chose de son père. Celui-ci possédait, jusqu'à l'émancipation, un pouvoir absolu sur la personne et les biens de son fils[1]. Il pouvait se

---

[1] Ce point est absolument certain. Gaius, qui vivait vers la fin du deuxième siècle, parlant de la puissance paternelle à Rome, dit qu'elle n'existe chez aucun autre peuple, à l'exception des Galates « nec me præterit Galatarum gentem credere in potestate parentum liberos esse. » Si Gaius veut parler en réalité des Galates, on peut bien supposer que c'est la puissance paternelle Gauloise, que nous retrouvons chez eux, et qu'ils ont conservé en

contenter de l'abandonner, il pouvait le vendre, le jeter même dans le Rhin, s'il faut en croire le témoignage de l'empereur Julien. Il était donc absolument le maître d'accepter une puissance que la coutume avait organisée exclusivement dans son intérêt.

### §. II. — *Coutumes et lois Germaniques.*

87. — Les mœurs Germaines nous sont en général mieux connues que les usages Gaulois. Un des plus grands historiens les a étudiées et nous en a laissé la peinture complète. On n'a pas cependant ajouté une foi entière à ses récits. On a prétendu qu'il en avait exagéré l'austérité pour les opposer plus vivement à la décadence des mœurs romaines.

Il est pourtant certain que leur sévérité était assez grande. Tous les auteurs qui se sont occupés à les rechercher l'ont reconnu à l'envi.

Le mariage était peut-être plus élevé en fait que le mariage romain, quoique la définition de Modestin n'inspirât pas les peuplades barbares. La monogamie était la règle presque absolue. Très-exceptionnellement les nobles, les chefs, pouvaient avoir plusieurs

s'expatriant. Mais souvent, paraît-il, on appelait *Galatæ* les Gaulois eux-mêmes, et nous croyons que Gaius se conformait à cet usage dans le texte cité. D'ailleurs, César est formel sur ce point.

Telle est également l'opinion de Laurière, le plus versé dans l'histoire du droit parmi nos anciens jurisconsultes. Il parle de cette puissance paternelle dans son commentaire sur la règle 55 de Loisel.

femmes, et le motif donné par Tacite est à remarquer :
« *non libidine, sed ob nobilitatem* » (Germ ch. 18.)

Il ne nous paraît pas douteux en conséquence, que
la présomption de paternité légitime ne fut en vi-
geur dans leurs coutumes.

Nous possédons d'ailleurs un grand nombre de lois
Germaines. Quand ces peuplades passèrent le Rhin,
elles s'établirent en grande partie dans la Gaule. Leurs
premiers rois publièrent sous formes de lois leurs anciennes coutumes. C'est ainsi que nous avons les
lois des Wisigoths, des Allemands, la *lex salica* [1],
etc. etc.

Or, dans ces lois, chose singulière, la présomption
de paternité n'est pas signalée, mais on la devine.
Ces textes s'occupent souvent de régler la condition
de l'enfant nouveau-né ; ils distinguent toujours entre
l'enfant naturel et l'enfant légitime.

88. — Il existait, en effet, une sorte de concubinat
en Germanie. L'enfant qui en provenait n'appartenait
pas à la famille de son père, il n'appartenait même pas
à celle de sa mère et se trouvait dépourvu de tout
droit de succession. Quant à l'enfant issu du mariage
il fallait encore distinguer. Le droit Germanique exigeait que le mariage fut contracté entre personnes de
condition égale. Toutes les legislations germaines
sanctionnent ce principe plus ou moins rigoureusement. Si cette condition d'égalité n'était pas remplie,
l'enfant ne faisait pas partie de la famille, il n'était
point relié au père et n'avait aucun droit de succession.

---

[1] Charlemagne révisa cette dernière, qui était colle des Francs.
Le nouveau texte porte le nom de *lex emendata.*

Au contraire, s'il s'agissait d'un mariage entre personnes de situation égale, la présomption de paternité du mari existait. Beaucoup de fragments le prouvent, quoique n'énonçant pas la règle d'une manière expresse. Nous ne citerons qu'un passage de la loi des Lombards qui est d'une clarté irréfutable : « filii qui *ex eâ* (legitimâ uxore) nati fuerint hæredes patris efficiantur. »

89. — Mais quelle était la forme de cette présomption ? Une simple déclaration du père suffisait-elle à la renverser, même à l'époque de Tacite, alors que le droit de vie et de mort n'existait pas et qu'il n'était pas permis d'exposer les enfants nouveaux nés [1] ?

Nous ne le croyons pas. L'enfant se trouvait sous la puissance du père, sous ce pouvoir particulier appelé *mundium*. Or le mundium était essentiellement un pouvoir de protection.

Il répondait à une idée autrement juste et grande que la puissance paternelle telle qu'elle existait à Rome ou dans les Gaules. Il imposait au père des devoirs, et la famille était chargée de surveiller l'exercice de son autorité. C'est ainsi que le frère de la mère était, d'après Tacite, vénéré presque à l'égal du père. C'est sans doute, parce qu'il était particulièrement chargé de contrôler l'accomplissement des devoirs résultant du *mundium* paternel.

De là, nous pouvons bien conjecturer, que pour renverser la présomption de paternité, il fallait un débat, il fallait présenter à la famille des preuves dont elle était juge. Ce *mundium* était un devoir imposé au

---

[1] Tacite-Germ. ch. 20 : « Aut quemquam ex agnatis necare. » C'est dans le sens donné au texte qu'on entend ces mots de Tacite.

père, il n'est point probable qu'on lui permît d'y échapper en déniant sa paternité.

90. — Il existait donc des différences notables sur ce point entre les coutumes Germaine et Gauloise. C'est sous l'influence de l'Église que ces diverses législations se sont fondues et unifiées.

Le droit canonique commença à se former dès l'apparition du christianisme en Gaule. Humble d'abord, il étendit successivement son empire jusque vers les onzième et douzième siècles, époque à laquelle il parvint à son apogée. Alors parurent les ouvrages de divers canonistes célèbres, les décrétales et décisions des papes, dont la réunion a formé plus tard la partie principale du *corpus juris canonici*.

Nous allons nous placer au moment de son plein développement, pour voir comment il réglait les rapports du mari avec les enfants nés de sa femme.

SECTION II


**Droit canonique.**


SOMMAIRE

91. — Empiètements de la juridiction ecclésiastique, sa compétence en matière de filiation.

92. — Suite.

93. — Les canonistes avaient adopté la règle *pater is est*.

94. — Ils étendaient la présomption au concubinage.

95. — Certains arrivaient même à l'appliquer à l'homme chez lequel la femme avait accouché.

96. — Toutes les idées romaines touchant la présomption sur la durée des grossesses étaient admises par les canonistes.

97. — Certains auteurs exigeaient l'accomplissement des formalités romaines au cas d'accouchement de la femme divorcée ou de la veuve.

98. — Force de la présomption de paternité.

99. — La déclaration de la mère ou du père pouvait-elle faire fléchir la présomption ?

100. — Suite ; cas où cette déclaration était faite conjointement par les deux époux.

101. — Suite.

102. — L'adultère de la femme autorisait-il le renversement de la présomption *pater is est* ?

103. — Suite ; adultère joint à la stérilité antérieure de la femme.

104. — Suite ; adultère habituel de la femme.

105. — Suite ; adultère joint à l'infirmité native de l'enfant.

106. — La présomption *pater is est* tombait à la suite de la recherche d'une paternité adultérine.

107. — Conclusion.

---

91. — Les évêques commencèrent à avoir une juridiction reconnue sous les empereurs chrétiens du Bas Empire. Plusieurs constitutions étaient intervenues pour la leur accorder et en délimiter l'étendue. Elle prenait donc sa source dans une concession de la puissance civile, et les évêques devaient juger les procès qui leur étaient soumis d'après les lois de l'empire.

En occident, au contraire, cette juridiction se développa surtout par une suite d'empiètements et d'usurpations[1]. Le grand désordre qui régna du ixe au xie siècle, favorisa à souhait cet envahissement.

D'ailleurs il aurait été impossible, à cette époque d'ignorance à peu près générale, de trouver des juges instruits. L'Église arrivait avec une législation toute

---

[1] V. Sur les usurpations de la juridiction ecclésiastique, Isambert, t. 5, p. 382, 481, 482, (notes.)

V. aussi Henrion de Pansey, autorité judic. p. 107, note.

V. également Fevret (appel comme d'abus). — Montesquieu (Esprit des lois, liv. 28, chap. 41).

On arriva dans certaines localités à faire juger les Israélites par les enfants de chœur. Au Puy-en-Velay un juif fut condamné par ce singulier tribunal à la peine de 300 livres amende.

construite, la législation romaine, elle réunissait en son sein la partie éclairée de la population, rien ne pouvait donc l'empêcher d'assurer sa prépondérance. Quand il lui fut possible d'étendre sa juridiction sur une question nouvelle, elle n'hésita jamais à le faire.

C'est ainsi que de très-bonne heure, elle se déclara compétente en matière de filiation. Il n'y avait en effet qu'un pas à faire pour y arriver. La filiation est un effet du mariage, or le mariage rentrant dès le principe, à titre de sacrement, dans la compétence ecclésiastique, comment ne pas connaître de l'effet, quand on pouvait connaître de la cause?

92. — Le *corpus juris canonici* ne laisse aucun doute sur ce point ; il nous montre même comment s'augmentait peu à peu la compétence ecclésiastique. Quand la question de filiation était élevée au cours d'un procès ayant pour objet un intérêt pécuniaire, elle devait être portée devant le tribunal canonique, et le juge séculier était obligé de surseoir, avant de se prononcer sur la question qui lui était soumise, ceci est exposé tous au long dans la décrétale V, au titre *qui filii sint legitimi* (liv IV. tit. 12.). Dans une hypothèse pareille, la question pécuniaire ne pouvait être tranchée par le juge d'Église. On ne tarda pas cependant à lui fournir le moyen d'en connaître.

On admit que lorsque le procès de filiation serait soumis *principaliter* au tribunal ecclésiastique, celui-ci aurait le droit de statuer sur l'intérêt résultant de la solution donnée à la question principale. Par ce moyen il était facile d'enlever entièrement connaissance de la cause au juge séculier. Tout ce que nous venons de dire est tiré de la glose de Nicolas de Palerme sur la décrétale *Lator* [1]. Voilà le point de compétence tranché, voyons quelle était la doctrine suivie par les canonistes.

93. — Nous avons déjà dit que l'Église avait adopté la législation romaine. Nous savons par là même, quel principe régissait la paternité du mari. La loi 5 *de in jus voc.* au digeste est donnée partout chez les canonistes, comme la règle fondamentale de la matière [2]. Les autres décisions des jurisconsultes romains sont citées constamment. Voici comment s'exprime Panormitanus dans la glose de la décrétale *transmissæ* : (liv. IV. tit. 12) « Ex quo quis natus est de uxore ali-« cujus præsumitur filius illius, nam filiatio a parte « patris non potest probari — ideo dicit lex quod ma-« ter est certa, pater autem ille præsumitur quem nu-« ptiæ demonstrant. »

94. — Mais il est un point qu'il faut soigneusement remarquer ; la présomption *pater is est* s'étendait au concubinage. Il est facile de s'expliquer cette extension. Les commentateurs de cette époque admettaient que les romains avaient appliqué la règle au concubinat. Partant de là, et assimilant le concubinage à cette institution ils arrivaient à lui appliquer la présomption posée pour le mariage. « Atque idem erit, dit Covarruvias, in filio nato ex concubinâ domi retentâ. » Nicolas de Palerme laisse entendre la même chose. Il impor-

---

[1] Nicolas de Palerme fut un des commentateurs les plus célèbres des décrétales.

[2] V. Covarruvias, lib. 2, cent. 1, cap. 8, 3 : filius censetur mariti etiamsi uterque conjux id negaverit.

Menochius, de arbitrar. judic, t. 1, part. 2, ch. 8 §. 3.

V. aussi Guillaume Durand (speculum juris) et Gregorius Tholozanus. D'après ce dernier, ce serait à cause de l'incertitude de sa paternité que le père chérit bien moins ses enfants que la mère.

tait peu d'ailleurs, que le concubinage existât entre un *solutus* et une *soluta*, ou au contraire entre des personnes déjà engagées dans les liens du mariage.

95. — Les canonistes voulurent élargir dans ses dernières limites la sphère d'application de la présomption de paternité. Après avoir posé en principe que la règle s'applique à celui qui cohabite avec la femme si elle accouche chez lui, quelques-uns même sont arrivés à n'exiger que cette dernière condition. Ils semblent présumer père de l'enfant, celui chez lequel la femme accouche. Cette opinion est émise par Menochius et il cite nombre d'autorités pour la soutenir : Capra, Ancharanus. Albas dans son commentaire sur la décrétale *transmissæ*, Socinus « qui testatus est hanc esse communem sententiam. »

Baldus énonce aussi cette opinion, il est même facile de voir que, pour lui, le point important est de savoir chez qui la femme accouche. En effet, il se sert de ce principe pour trancher la célèbre question qui se pose au cas de confusion de part. Quand une veuve se remarie au mépris de l'année de viduité, et qu'elle donne le jour à un enfant, de telle sorte que celui-ci d'après les présomptions sur la durée des grossesses peut être réputé le fils de chacun des deux maris, le jurisconsulte n'hésite pas à lui assigner le second pour père. Le motif en est tout simple, on doit le présumer père, puisque c'est chez lui que l'enfant est venu au monde.

Sur ce point il existait donc une sensible différence avec le droit Romain.

96. — C'est, au contraire, la législation romaine qui est entièrement suivie, eu égard à la présomption légale sur la durée des grossesses. Les canonistes s'appuient tous sur les textes que nous avons déjà ci-

tés. Ils les commentent et motivent par eux leurs solutions. Le principe que la présomption sur la durée des grossesses peut être combattue par la preuve contraire, se trouve entièrement admis. On permet même au juge, pour l'écarter, de s'appuyer sur de simples présomptions de l'homme. La douleur de la veuve, dit un auteur, peut très-bien retarder l'accouchement, et prolonger la gestation au-delà des limites normales. Le juge conserve en cette matière un pouvoir souverain d'appréciation.

97. — Il existe un autre point sur lequel le droit romain paraît avoir été suivi parfois. Certains auteurs exigent, au cas de divorce [1] ou de séparation, l'accomplissement des formalités édictées par le Sénatus-Consulte Plancien (V. ci-dessus, chap. III). Ils veulent également que la veuve se conforme aux prescriptions de l'édit du préteur rapporté au titre de *inspiciendo ventre*, (dig. 25-4), Guillaume Durand est absolument explicite sur ce point [2]. Cependant, beaucoup d'auteurs

---

[1] Ce serait une erreur de croire que l'on ne rencontre pas d'exemples de divorce en droit canonique. Outre les cassations de mariage pour des motifs préexistants à la célébration, qui étaient fort nombreuses, on en trouve d'autres inspirées par des motifs postérieurs. Ce sont de véritables divorces dans le sens actuel du mot. Un exemple se rencontre au *corpus canonici*. Un mari était parti pour Constantinople : sa femme, s'étant plainte à l'évêque, fit, sur l'ordre de ce dernier, des démarches pour amener le retour de son époux. Celui-ci ne revenant pas, l'évêque prononça le divorce, la femme se remaria et les enfants du second mariage furent déclarés légitimes. Ce fait est relaté par la décrétale *perlatum* (liv. 4, tit. 12) qui contient l'entière approbation du pape Alexandre III. — Voyez aussi quelques pages très-intéressantes des assises de Jérusalem (ch. 172 et suiv.) dans lesquelles plusieurs causes de divorce sont énoncées.

[2] Guillaume Durand, évêque de Mende, auteur du *speculum juris* fut le plus célèbre canoniste du xiiie siècle. — Il ne comprend

n'en parlent pas ; nous croyons que la solution était laissée à l'arbitraire du juge, et que celui-ci était tout puissant pour admettre ou rejeter, selon les cas, une demande basée sur l'inobservation des formalités romaines.

98. — Nous abordons maintenant le point le plus curieux du droit canonique. Il s'agit de déterminer quelle était la force de la présomption *pater is est*. Nous savons qu'en droit romain les causes de désaveu n'étaient pas limitées, mais le juge ne devait l'admettre que sur des motifs absolument concluants. Les canonistes, ne se trouvant point arrêtés par une énumération limitative, versèrent complètement dans l'arbitraire, ainsi que nous allons nous en assurer.

Quant aux principales causes de désaveu, elles sont tirées des textes romains. Panormitanus, après avoir exposé la règle, ajoute : « hoc procedit si maritus erat « præsens, secus si fuisset absens tanto tempore quod « non potuisset generare. » Covarruvias, Durand et les autres prévoient formellement ce cas d'absence. Il en est de même de l'impuissance du mari durant la période de conception ; nombre d'auteurs s'en expliquent, et tous, d'ailleurs, renvoient pour motiver leur solution à la loi *filium* (supra 65 et s.), mais ici, nous remarquons un premier changement apporté aux idées romaines. La cause ou la nature de l'impuissance importe peu. Qu'elle provienne de la constitutution même de l'individu (il pouvait être *frigidus* ou *maleficiatus*), qu'elle résulte d'une maladie, d'un accident antérieur ou postérieur au mariage, la solution reste identique.

pas comme nous l'avons fait (supra ch. III) la sanction du S-C. Plancien. Il l'indique par un jeu de mots latins qui semblerait fort déplacé dans la bouche d'un de ses successeurs à notre époque,

L'âge avancé du mari peut même autoriser le renversement de la présomption *pater is est*. Menochius le laisse clairement entendre, il présume que le mari est incapable d'engendrer après l'âge de soixante ans.

99. — Peut-être quelques rares canonistes s'en tenaient-ils là, et ne voulaient-ils point admettre d'autres causes de désaveu[1]. Mais l'opinion générale était beaucoup plus large. Nous allons parcourir rapidement les autres hypothèses dans lesquelles la règle pouvait être renversée.

La déclaration de la mère faite à la naissance de l'enfant et affirmant qu'il provient de l'adultère, sera-t-elle suffisante pour obtenir ce résultat? A la grande majorité, les canonistes répondent négativement à la question précédente. Tel est l'avis de Bartole, Alciat, Boerius, Mascardus, Pontanus etc. La solution paraît tellement certaine pour eux, qu'ils ne songent pas, la plupart du temps, à en exprimer les motifs. Menochius, par exemple, loin d'argumenter, semble traiter d'insensé celui qui croirait le contraire[2]. Cependant, Mascardus, dans son traité des preuves, admet que la déclaration de l'enfant se joignant à celle de la mère aurait assez de force pour renverser la règle. Cette mo-

---

[1] Cela paraît certain pour quelques-uns cités par Menochius. (de pres. lib. VI, pres. 57 nº 2). Ce sont : Boerius, Marsilius, Castro, Petra.

[2] Nous ne pouvons résister au désir de citer ce texte qui contient une critique assez vive de l'honnêteté des princes de cette époque: « Commemoravi stultum fuisse illius regis filium, qui « nimis credulus matri asserenti eum ex rege procreatum non « fuisse, fidem adhibuit, et conscientiâ motus regno se abstinuit. « Non *certe nostræ ætatis princeps* aliquis tantæ insaniæ esset ut « hac de causâ principatu se et posteros privaret: sed potius « cum Julio Cæsare diceret, si violandum est jus, regnandi « causâ violandum. »

dification est singulière, car il est impossible de voir en quoi l'affirmation du fils peut servir en pareille matière, et quelle confiance elle peut inspirer. La déclaration faite par le père et portant que l'enfant n'était pas issu de ses œuvres, n'avait certainement aucune force, aux yeux de tous les auteurs.

100. — Mais qu'arriverait-il au cas où les deux époux déclaraient conjointement que l'enfant n'était pas le fils du mari ? Cette hypothèse n'était point résolue dans le même sens par tous les jurisconsultes. Certains, tels que Baldus et Menochius restaient conséquents avec eux-mêmes et n'admettaient point que cette double déclaration pût affaiblir ou renverser la présomption. D'autres, comme Antoine Gabriel et Decianus, adoptaient la solution contraire. La raison de douter venait probablement de la décrétale *transmissæ* (liv. 4, tit. 12). Un individu réclamait la qualité d'enfant légitime de deux époux, ceux-ci niaient conjointement, Innocent III déclare dans ce texte que : « in « tali casu standum est verbo viri et mulieris nisi certis « judiciis et testibus juvenem prædictum illorum cons- « titerit esse filium. » On comprend que d'un principe posé d'une manière aussi générale, on ait pu déduire que l'affirmation des deux époux renversait la règle *pater is est*. Néanmoins, la plupart des canonistes n'ont pas entendu ainsi cette décrétale et c'est avec raison. Cette double négation n'a de force, d'après la glose de Panormitanus, que si deux conditions concourent. Il faut d'abord que l'enfant ne soit pas en possession de l'état de légitime, il faut ensuite, et l'hypothèse l'indique clairement, que la négation des époux porte sur ce fait que l'enfant n'est pas né de la femme durant le mariage. Que si l'enfant démontre

qu'il est né pendant le mariage, *natus de legitimo ma-trimonio*, plus de doute possible, écoutons le commen-tateur : « concludo quod si probatur natus ex muliere « retenta in domo satis probatur filius mariti seu con-« cubinarii ut supra dixi, *nec crederetur verbo patris* « *asserentis contrarium.* » En conséquence, la décla-ration des deux époux, soutenant que l'enfant né pen-dant le mariage n'était point conçu des œuvres du mari, ne pouvait porter atteinte à la présomption de paternité.

101. — Néanmoins, d'après une opinion presque unanime, il n'en était plus de même au cas où à cette double affirmation s'ajoutaient quelques circonstances propres à en établir la véracité. Dans cette hypothèse, la déclaration corroborée par ces probabilités avait la force suffisante pour motiver un désaveu. On le voit, les juristes n'avaient pas le courage de pousser jus-qu'au bout leur opinion ; ils se ménageaient une échap-patoire pour violer le principe qu'ils établissaient, quand il leur paraîtrait trop rigoureux d'en faire l'ap-plication.

102. — L'adultère de la femme démontré suffirait-il pour infirmer la règle ? En principe, tous les cano-nistes sans exception répondaient par la négative. Tous renvoient sur ce point à la loi *miles* (l. 11, §. 9, ad leg. Jul. de adult. 48-5), au digeste. Covarruvias, après avoir dit que la présomption s'applique pleine-nement en ce cas, ajoute même pour donner plus de force à sa pensée : « unde non refert fuerit uxor pu-« blica meretrix vel recesserit a viro. » Nicolas de Pa-lerme est aussi explicite. Mais, nous avons eu déjà l'oc-casion de le constater, un principe, quoique solennel-lement proclamé, ne gênait pas beaucoup les juris-

consultes de cette époque, et rien ne leur paraissait plus facile que de l'écarter. C'est précisément ce qui est arrivé dans l'espèce. On pourrait facilement renverser la règle que nous venons de poser et dire : l'adultère pouvait faire tomber la présomption de paternité s'il était accompagné de quelques circonstances, de quelques indices rendant improbable la coopération du mari. Quant à ces indices, le juge, semble-t-il les appréciait à sa guise, les jurisconsultes en posent un certain nombre, mais uniquement à titre d'exemple. Parcourons quelques-uns des cas cités par les auteurs les plus célèbres.

103. — Une femme est restée pendant longtemps stérile, elle commet un adultère, quelques mois après elle accouche. L'enfant sera-t-il présumé provenir des œuvres du mari ? Sur ce point, un petit nombre d'auteurs hésite. L'opinion générale est cependant que le principe de la paternité du mari n'est point ébranlé. Tel est l'avis de Menochius et de plusieurs autres qu'il cite dans son traité des présomptions.

Néanmoins d'après cet auteur, si, à la stérilité antérieure de la femme, vient s'ajouter cette circonstance de sa cohabitation avec un tiers, quoique le mari ait accès auprès d'elle, la présomption de paternité se trouve renversée. Mascardus est aussi formel en ce sens : « filius potius ex adultero quam ex marito præ- « sumitur quando uxor dum habitaret cum marito diu « fuerit sterilis. »

104. — Quelques auteurs sont encore allés plus loin. Alors qu'une femme mariée entretient un commerce avec un tiers, quoique les relations entre elle et son mari ne soient pas totalement interrompues, son adultère habituel suffira à renverser la règle *pater is*

*est*. Pour que ce résultat soit acquis, certains canonistes exigent une seule chose, c'est que les relations de la femme aient été plus fréquentes avec son amant qu'avec son mari. Tel est l'avis de Mascardus. (Conclus. 88, n° 11). Menochius, bien que plus sévère, admet le même résultat et cite plusieurs auteurs qui l'adoptent également.

Covarruvias est cependant plus difficile ; d'après lui, la présomption de paternité subsiste : « *etiamsi uxor recesserit a viro*, » et il ajoute : « id enim tantum « poterit hanc præsumptionem elidere si probatur ma-« ritum ad uxorem non accessisse. »

105. — Enfin, signalons une circonstance singulière qui, d'après certains, venant se joindre à l'adultère infirmait la règle *pater is est*. « Filius quando est « natus cæcus vel claudus, tunc propter peccatum « præsumitur potius ex adultero quam ex marito. » Si la femme adultère met au monde un enfant aveugle ou boiteux, cet enfant est présumé étranger à son mari ! Mascardus édicte cette règle et cite plusieurs auteurs qui l'avaient adoptée avant lui. Covarruvias, la rejette franchement. On voit par là, combien était dangereuse cette latitude laissée par les textes sur le renversement du principe romain, à une époque où la théologie pouvait être appelée, comme dans l'espèce, à trancher une difficulté d'ordre juridique. On voit surtout combien, malgré la loi *miles*, au digeste, citée par tous les canonistes, l'adultère de la femme pouvait servir au mari pour désavouer l'enfant né durant le mariage.

106. — Il est très-probable que le droit canonique accordait des aliments aux enfants adultérins[1]. Il leur

_______________

[1] La question est discutée, on prétend trouver une contradic-

permettait en même temps la recherche de leur paternité. La décrétale *causam quæ* au titre *qui filii sint legitimi* (liv. 4, tit. 12,) en fait foi. Elle suppose établi qu'un enfant est né d'une femme mariée et d'un autre que son mari, judiciairement reconnu. Il faut donc que l'enfant ait pu rechercher et établir cette paternité. D'ailleurs, le texte du commentateur Nicolas Panormitanus, ne laisse aucun doute : « Potest quis probari « filius adulteri licet mater moretur cum marito. » C'était donc encore un des cas dans lesquels la présomption de paternité légitime était détruite. Elle tombait devant la sentence attribuant à l'enfant le père qu'il réclamait. La possession de l'état d'enfant adultérin produisait même ce résultat de plein droit, car de l'avis général, elle suffisait à prouver cette paternité.

107. — Il est temps de mettre un terme aux observations que nous voulions fournir, touchant le droit canonique. Aussi bien, cette étude ne présente qu'un intérêt purement rétrospectif. On peut cependant en tirer un enseignement précieux, au point de vue législatif, c'est celui de tout déterminer strictement dans cette délicate matière.

Prenant comme point de départ cette idée, que la législation romaine ne limitait pas les causes de désaveu, on fit fléchir la sévérité de la règle, aussi souvent que l'intérêt particulier le comportait. On pouvait arriver ainsi à une solution équitable dans la plupart des espèces, mais l'intérêt public n'était pas suffisamment sauvegardé. Dévant les nombreuses présomptions posées par les jurisconsultes et dont nous venons de donner une fai-

tion entre les solutions de deux papes différents. Ces décisions ne nous paraissent pas contradictoires et nous donnons au texte l'avis de la majorité des auteurs.

ble idée, les procès durent se multiplier. L'arbitraire étant le seul principe, on pouvait toujours espérer l'admission d'un désaveu de paternité, et l'on n'hésitait pas à intenter une action aussi grave sur des raisons d'une légèreté peut-être excessive. D'ailleurs, les solutions, quoiqu'elles fussent généralement équitables, (nous le pensons au moins), pouvaient facilement dégénérer, et en venir à reposer sur des motifs entièrement dérisoires ou insuffisants. C'est ce qui arrivait dans l'hypothèse relatée ci-dessus, où l'infirmité native d'un enfant suffisait à le faire déclarer adultérin. C'est ce qui se présentait encore lorsqu'on tranchait uniquement la question d'après l'intérêt de l'enfant, comme Menochius paraît l'enseigner [1].

Tels sont les inconvénients d'une loi qui n'édicte pas de règles étroites et limitatives pour les cas où la présomption peut être renversée. La loi romaine avait ce vice. A l'époque des grands juriconsultes, il ne paraît pas que ces conséquences regrettables en aient été tirées, les Ulpien, les Papinien veillaient à ce que, selon leur expression : *ordinum familiarumque dignitas salva sit.* Mais du jour où ces principes élaborés par eux furent repris par une société dont les mœurs étaient différentes, et qui avait perdu l'esprit de leurs auteurs, les abus éclatèrent, les conséquences du vice législatif se déclarèrent au grand jour.

Voyons maintenant si l'arbitraire était aussi grand dans notre droit coutumier.

---

[1] Il semble dire, en effet, que la présomption *pater is est* ne s'applique pas, quand il est plus utile à l'enfant d'être illégitime. C'est pousser trop loin le principe que le doute est favorable à l'enfant.

# SECTION III

## Droit coutumier.

## SOMMAIRE

---

108. — L'Église avait profité, pour étendre sa juridiction, de l'anarchie et de l'ignorance qui affligèrent les x⁰ et xi⁰ siècles. A mesure que ces deux causes allaient se dissiper, la compétence ecclésiastique allait forcément se restreindre. Au xiii⁰ siècle elle avait déjà reçu de graves atteintes. Le principe de la séparation du spirituel et du temporel se manifestait à cette époque. Beaumanoir, l'un de nos auteurs coutumiers les plus anciens, expose cette vérité primordiale dans un passage magistral que nous voudrions pouvoir citer, tant les idées en sont justes et la forme digne et majestueuse. Sans doute le droit canonique règne encore sur un assez grand nombre de points, mais ces points sont nettement définis et délimités par le jurisconsulte.

109. — En principe, l'Église reste compétente en

matière de filiation, car celle-ci résulte en général du
sacrement : « tuit sacent que li mariage qui est tenu
« par bons par le tesmongnage de Sainte Église ne post
« estre debatus, ne li enfant qui en naissent tenu por
« bastars. » Dans un autre passage (Ch. 11, n° 24),
Beaumanoir s'en explique formellement [1]. Mais il cons-
tate en même temps des exceptions au principe.
L'Église ne tranchera la question de filiation, que lorsque elle ne sera pas connexe à une question de droit
civil. Dans ce cas, Beaumanoir revendique, à notre
avis la compétence pour le juge séculier : « ... car
« tout soit ce cause que l'Église ait la connissance
« des loiaux mariages, por ce ne demore pas que ples
« n'en soit aucune fois en cort laie, per les héritages
« qui sont tenus de fief lai, des quix li droit hoir voelent
« debouter les bastars ; et porce que tix debas depend de
« l'iretage convient-il à la fois que juges seculers s'en-
« tremete de connaistre le bastardie qui est proposée
« par devant li... » C'était la réponse des auteurs coutumiers aux canonistes. Ces derniers avaient voulu at-
tirer à leur juridiction les questions pécuniaires (supra
92), les premiers prétendaient juger la question d'état
elle-même. On peut d'ailleurs trouver dans un autre
passage de Beaumanoir la raison de cette prétention,
elle nous montrera que les justices séculières commen-
çaient à l'emporter sur les officialités : « Quant li plet
« sont gros et périlleux, alors il convient bien qu'il
« soit tesmongnié autrement que par le tesmonguage
« d'un official tant solement. »

[1] V. encore Marnier sur les établissements de l'échiquier de Nor-
mandie, page 55 « Se la cose de la bastardie est proposée en la
« cort, le roi qui ait recort, elle doit estre envoiée à l'evesque del
« lieu. » V. aussi Glanville. VII, 13 et suiv.

**110.** — Ce mouvement de réaction contre la juridiction ecclésiastique fut général. Il se traduit manifestement et l'on peut en suivre les progrès sous Philippe-le-Bel. A cette époque, les tribunaux séculiers étaient recherchés par les parties. Les justices royales régulièrement constituées employaient la procédure écrite, dès lors elles présentaient au moins les mêmes garanties que les officialités. En 1394 le roi promulgua un mandement pour que les bourgeois ne fussent plus mis en cause devant les Cours d'Église, relativement à des affaires temporelles. Celles-ci s'émurent de ce mouvement, le roi fut même obligé de rendre une ordonnance fixant leurs privilèges. Voici comment est conçue sur ce point l'ordonnance de 1299 : « Concedi-« mus præterea ut nullus secularis judex clericos et « personas ecclesiasticas coram se super personalibus « actionibus respondere compellat. »

On voit que les privilèges se restreignaient, et l'on peut présager que les questions de filiation échapperont un jour ou l'autre à la compétence Ecclésiastique.

Ce résultat s'est produit, mais il est difficile de préciser à quelle époque. Au xvii<sup>e</sup> siècle il est pleinement acquis, les parlements prononcent. Bacquet, dans son traité sur le « droit de bastardise », affirme la compétence du juge séculier « combien que suyvant par la « disposition du droict canon on tient que *causa nata-* « *lium* qui est de la filiation et légitimation se doibt « premièrement traicter par devant le juge d'Église. » En même temps, cet auteur rapporte un arrêt confirmatif de son opinion. Une question de filiation avait été déférée à l'official de Tours ; mais on interjeta appel pour cause d'abus, et le parlement, affirmant la compétence du juge séculier, renvoya les parties devant le bailli de Tourraine.

Voila la question de compétence tranchée ; étudions maintenant les principes admis par la jurisprudence coutumière sur la paternité du mari.

111. —La règle *pater is est* est posée par Beaumanoir. Il est d'ailleurs très-explicite sur cette matière et tout semble démontrer que les dispositions romaines étaient présentes à son esprit.

« On doit savoir que tuit cil sont loiel hoir qui sont
« nés et conçeus en loiel mariage, tout soit ce qu'il n'i
« soient pas né, porceque li peres muert el tans que
« sa femme est grossi. » C'est tout à fait la présomption romaine, ce texte forme une véritable paraphrase du principe de Paul au digeste. Cette même idée se trouve énoncée dans la législation du royaume de Jérusalem. Il est utile de citer ce passage qui reproduisait bien certainement la règle admise par nos coutumes : « Et parce l'on peut dire que tous les enfans
« sont de mere et non de pere, ni ne se porroit espe-
« cifier veraiement que teil est enfant de teil, se ce
« n'en est par l'œuvre et l'achaizon dou mariage et
« par le pooir doudit mariage, qui est ci grant que
« vesci les enfans de la mauvaize feme qui est mariée
« sont appelés enfans de pere, ce est à dire enfans dou
« baron de ladite feme et por ce ce dit en reprou-
« vier :

« De quiqui soit l'engendreure.
« Dou vilain est la nourriture. »

*(V. assises de la cour des bourgeois, ch.* 60 ; *edition Beugnot,*
*t.* 2, *p.* 286.)

Ainsi, aucun doute n'existe sur ce point : les enfants conçus durant le mariage étaient légalement attribués au mari par la jurisprudence coutumière.

112. — Quels enfants sont réputés conçus pendant le mariage ? C'est le point qui fut le plus controversé dans notre ancienne jurisprudence. Beaumanoir le tranche formellement ; il est même fort curieux de voir que la coutume de Beauvoisis n'avait pas admis les mêmes termes que la loi romaine, touchant la durée présumée des grossesses. D'après la coutume, l'enfant né moins de sept mois depuis la célébration du mariage, n'est pas légitime, à moins que l'on ne puisse démontrer que la conception antérieure à l'union conjugale provient du mari. En sens inverse : « on doit savoir que tuit cil qui naissent après que « mariage est desseurés, et tans que trente nuef se- « maines et un jors sont passées, puis la mort dou, « mari sont bastart. » D'ailleurs, cette présomption n'était pas absolue et le juge pouvait se refuser à l'admettre.

113. — N'abandonnons pas Beaumanoir, sans faire remarquer la grande force qu'il accorde à la présomption *pater is est.* Les abus du droit canonique l'avaient certainement frappé. Aussi, rompant avec les traditions romaines, il ne permet de la renverser que dans deux cas se référant à l'impossibilité physique de cohabitation. Le premier est celui de l'absence : « Si comme « se li mari est outremer ou en autres terres estranges « ou emprisones. » L'enfant né trente-neuf semaines et un jour depuis son départ ne sera pas légitime. Le mari pourra renverser la règle : « Se li barons revient « et trueve que sa feme ait eu enfans el tans qu'il a esté « hors et il en esquive la compaignie de sa feme et dist

« que li enfans sont bastart, en afermant qu'il ne fu
« el païs par nuit et par jor en tant de tans come
« feme pot porter enfans, en tel cas doit il estre creus. »
Le second cas de désaveu est celui où le mari serait
impuissant : « Encore se pot bastardie prover par
« autre voie par l'apparence dou fet, si comme se li
« maris est tix qu'il ne puist engendrer enfans. »

En dehors de ces deux hypothèses, Beaumanoir
semble refuser absolument au mari le droit de désavouer les enfants nés de sa femme. L'adultère ne peut
certainement prouver l'adultérinité des enfants, « car
« potestre que il sont du mari et potestre que non sont. »
Peu importe d'ailleurs qu'à la certitude de cet adultère s'ajoute la déclaration de la femme. « La mère
« n'est pas crue en aucun cas contre ses enfans, por
« ce si elle dist qu'ils sont bastart. »

114. — Ces principes, posés par le plus ancien de nos
auteurs coutumiers, ont dominé la jurisprudence depuis le treizième siècle jusqu'à la promulgation du
Code Civil. Aucun texte ne leur fut consacré dans la
rédaction des coutumes. On considérait ces règles
comme faisant partie du droit de raison écrite ; elles
ressortissaient du droit romain en vigueur sur tous
les points ou les coutumes ne l'avaient pas modifié.
Les auteurs eux-mêmes s'attachent rarement à les
préciser, ils se contentent de renvoyer aux textes romains qui les déterminent. C'est donc à la jurisprudence parlementaire que nous devons recourir, pour
apprendre jusqu'à quel point les principes de Beaumanoir ou du digeste étaient admis, et pour nous rendre compte s'il existait des différences appréciables
entre la doctrine coutumière et la doctrine des canonistes.

115. — Le point le plus controversé, celui qui a donné lieu au plus grand nombre de décisions arbitraires, est la fixation des différents termes des grossesses : « Il ne semble pas qu'on puisse régler les « justes termes de la durée d'une grossesse, pour faire « juger qu'un enfant soit illégitime, s'il est né quelques « ques jours plus tôt ou plus tard ; et qu'on doive faire « dépendre une question de cette importance d'une « règle qui entreprenne de fixer le temps des opéra- « tions de la nature, et surtout de celles que les « combinaisons de différentes causes diversifient et où « il ne paraît pas possible de marquer les bornes pré- « cises de ce que la nature peut ou ne peut pas. Mais « il semble que dans les cas particuliers où il est ques- « tion de savoir si un enfant est légitime ou s'il ne « l'est pas, le doute venant de ce que sa naissance est « ou trop avancée ou trop retardée, on doit joindre « aux règles communes qui résultent des textes cités « sur cet article[1], pour ce qui regarde le temps de la « grossesse, la considération des circonstances parti- « culières, pour décider sagement une question d'une « aussi grande conséquence, et où il s'agit tout ensem- « ble de l'honneur d'une mère, de l'état d'un enfant, « et du repos des familles intéressées à l'un et à l'au- « tre. » Domat lois civiles, part, 2, liv. 2, tit. i.

La jurisprudence abandonnait ainsi les termes fixées par les lois romaines ou par Beaumanoir. On laissait à la libre appréciation du juge le point de savoir si, étant donnée la date de la naissance, la conception se plaçait ou non pendant la durée de l'union conjugale.

---

[1] Les textes dont parle le jurisconsulte sont les lois romaines que nous avons déjà citées. l. 12 *de statu hom.* — l. 3 §. ult. *de suis et legit* etc.

116. — Quant au délai minimum des grossesses, ce système n'a pas conduit à des solutions trop choquantes. Il est incontestable, que la règle très-générale fut de déclarer légitimes les enfants nés, au plus tôt, à l'expiration du sixième mois, depuis la célébration du mariage. Nous en trouvons la preuve dans les mémoires et les consultations des savants, s'efforçant d'établir, à l'encontre des arrêts, la possibilité des accouchements à cinq mois ; Merlin nous en cite un grand nombre. Les arrêts donnés par cet auteur dans son répertoire semblent également confirmer notre manière de voir.

117. — Mais il importe d'insister sur un point très-essentiel. On prononçait souvent la légitimité d'un enfant conçu avant le mariage, mais cela tenait à des raisons d'un ordre tout différent. La recherche de la paternité était admise dans notre ancien droit ; dès lors, l'enfant défendeur à l'action en contestation de légitimité intentée par le mari, possédait la faculté de démontrer qu'il était en réalité conçu des œuvres de ce dernier. Cette idée est mise en pleine lumière par d'Aguesseau, dans ses conclusions au sujet d'une affaire Delastre jugée par le parlement de Paris en 1695. « Supposons, dit-il, qu'un jeune homme ait eu quelque familiarité suspecte avec une fille tous deux libres, tous deux en état de s'engager dans les liens du mariage, supposons qu'ils se marient ensuite et que la naissance d'un fils, suivant de trop près la célébration du mariage, donne lieu à une question d'état dans laquelle il s'agisse de savoir de qui il sera présumé le fils.

« Si le mariage était antérieur au temps de la con-

ception, la loi le donnerait au mari sans aucune difficulté, par une présomption légitime.

« Si, au contraire, il n'y avait jamais eu de mariage
entre les deux parties, alors on chercherait les preuves
de la fréquentation ; et si ces preuves étaient concluantes, elles décideraient la question par une simple
conjecture probable.

« Mais s'il se trouve en même temps et une fréquentation dans le temps de la conception et un mariage
contracté dans le temps de la naissance, ne peut-on
pas dire que ces deux faits, réunis ensemble, forment
un présomption moins forte, à la vérité, que la première parce qu'elle n'est pas absolument fondée sur le
mariage ; mais aussi beaucoup plus puissante que la
seconde, parce qu'elle n'est pas appuyée uniquement
sur la fréquentation, et que le mariage qui|l'a suivie,
lui donne un degré de force, d'évidence et d'autorité à laquelle il paraît presque impossible de résister ? »

118. — On arriva même à faciliter extrêmement
dans l'intérêt des enfants la preuve de cette paternité
*anté-nuptiale* du mari. Les deux présomptions de l'art.
314 du Code Civil viennent directement de l'ancien
droit. Si le mari avait signé l'acte de baptême de l'enfant, s'il avait seulement connu antérieurement au
mariage la grossesse de sa femme, sa paternité était
invinciblement présumée. Un résultat analogue se
produisait, quand le mari avait laissé s'écouler un certain
tain espace de temps sans contester l'état de l'enfant. Il fut ainsi jugé par le balliage d'Auxerre. Appel
de cette décision fut relevé devant le parlement de Paris, mais sur les conclusions de M. Joly de Fleury la
sentence du premier juge fut confirmée.

Nous croyons enfin, sans vouloir l'affirmer d'une manière trop absolue, que les parlements ne devaient admettre qu'avec de grandes difficultés le désaveu pour cause, de naissance prématurée, si le mari n'offrait pas de prouver quel était le véritable père de l'enfant. Cette opinion nous est inspirée par la lecture des hypothèses relatées dans les vieux auteurs. Dans presque toutes les espèces où le mari concluait à l'illégitimité d'un enfant né dans les premiers mois du mariage, nous voyons qu'il indique et démontre quel est l'auteur de la conception. (V. deux arrêts du parlement de Paris rapportés par Bardet, l'un du 18 mai 1632, l'autre du 21 juin 1638. V. aussi un arrêt du parlement de Rouen du 24 janvier 1682, rapporté par Basnage. V. enfin l'arrêt du 17 mars 1742, cité ci-dessus confirmatif d'une sentence du balliage d'Aurillac.)

119. — Il résulte de ce que nous venons d'exposer, que la jurisprudence maintenait approximativement, à la présomption sur la durée des grossesses, le mininum fixée par les lois romaines. Ce n'est point par une modification de ce chiffre, mais par l'intervention d'un nouveau principe, que l'on accordait parfois le bénéfice de la légitimité à des enfants nés dans les premiers mois du mariage.

120. — Quant il s'agit, au contraire, de déterminer le délai maximum, nous voyons beaucoup plus d'incertitudes. Ici, pas d'autre moyen d'éviter la bâtardise à l'enfant, que d'allonger la période de gestation de la veuve. Comme on désirait souvent ce résultat on arriva à quelques décisions extrêmes. On ne saurait d'ailleurs en faire un grand reproche aux juridictions qui les ont rendues. La science physiologique s'est toujours montrée très-hésitante sur la fixation du terme

le plus long des grossesses. Quelques auteurs, au dernier siècle, proclamaient le principe des gestations presque indéfinies. En 1766, le célèbre docteur Petit, régent de la faculté de médecine de Paris, publia sur notre matière un traité signé par vingt-deux médecins et dont le retentissement fut considérable. Cet ouvrage cite plusieurs cas de grossesses ayant duré quatorze mois et paraît admettre des durées illimitées. Il donne en outre l'avis de plusieurs savants antérieurs qui ont admis des résultats identiques[1].

121. — Devant ces affirmations reitérées, la jurisprudence devait forcément se montrer incertaine. La règle romaine fut, sinon abandonnée, du moins très-rarement appliquée. Les juges, sur de simples présomptions, tirées, par exemple, de la bonne réputation de la mère, déclaraient légitime l'enfant né longtemps après l'expiration des dix mois. Bouteiller, dans sa somme rurale, rapporte un arrêt du Parlement de Paris, rendu en 1475, par lequel on déclarait légitime une fille née plus de onze mois accomplis depuis le départ du mari pour un voyage d'outre-mer. La même Cour en 1653, le parlement de Flandre en 1693 et celui de Rouen en 1774 rendaient des solutions analogues. C'est quand toutes les circonstances étaient entièrement défavorables à la mère et contraires à la légitimité, qu'on s'en rapportait à la règle romaine. Ainsi le parlement de Paris a décidé, le 22 août 1626, qu'un enfant né onze mois après la mort du mari était bâtard. Basnage

---

[1] Pasquier, le célèbre avocat, parle dans ses recherches de la France, d' « une grossesse prodigieuse (elle aurait duré vingt-« huit ans!) advenue de nostre temps en la ville de Sens, ce dont « je ne doute, mais d'en pouvoir rendre la raison comment et « pourquoy, c'est en quoy je ne me puis satisfaire. »

rapporte même une sentence du parlement de Rouen prononçant l'illégitimité d'un enfant né dix mois et quatre jours depuis cette époque.

122. — Ces derniers cas paraissent exceptionnels ; en règle très-générale, la limite de dix mois était dépassée. Godefroy, jurisconsulte du xv<sup>e</sup> siècle, nous fait connaître une décision arbitrale émanant des avocats les plus célèbres de son époque, et admettant une gestation de treize mois. Cette sentence était motivée par la bonne réputation de la mère. Enfin, le parlement de Rouen a jugé, le 8 juillet 1695, qu'un enfant né quinze mois après la mort du mari était en réalité conçu des œuvres de ce dernier. Il faut même avouer, que devant les attestations qui furent produites le parlement dût se trouver dans un embarras singulier. La veuve présentait des certificats de médecins, chirurgiens, sages-femmes constatant qu'elle était enceinte peu de temps après la mort de son conjoint. Comme l'accouchement ne se produisait pas, une nouvelle visite fut ordonnée. Le rapport des gens de l'art fut le même après ce deuxième examen, et ils ajoutèrent que l'enfant avait beaucoup augmenté depuis leur premier procès-verbal. — (Merlin rép.)

On allégua de plus, au cours du procès, dans l'intérêt de la veuve, qu'on avait observé des femmes dont la grossesse s'était prolongée jusqu'à dix-huit et vingt mois[1].

---

[1] Les avocats, semble-t-il, en présence de ces incertitudes de la jurisprudence et de la science, n'hésitaient guère à affirmer les faits les plus exagérés. Boniface (t. 2, p. 187) rapporte qu'un membre du barreau citait, dans un procès de cette nature, le cas d'une grossesse qui aurait duré vingt-trois mois. Il ajoutait, il est vrai, pour rendre raison de ce phénomène que l'enfant était né avec la barbe et les dents ! — Cela se passait près de Marseille au parlement de Provence.

Il est facile de comprendre, devant de pareilles discussions, combien il était nécessaire d'établir une règle fixe et immuable, afin d'assurer la tranquillité des familles et de mettre un terme aux contestations de ce genre.

123. — Le droit canonique, ainsi que nous l'avons montré précédemment, avait tendu à faciliter le renversement de la présomption *pater is est*. Les parlements suivirent une ligne de conduite entièrement différente. Le désaveu ne fut pas admis plus facilement que de nos jours. Nous citerons même des cas où il fut repoussé, alors que notre législation actuelle permettrait au juge de le prononcer. Henrys possède sur cette matière un chapitre dont le titre est bien significatif : « *du manteau du mariage et qu'il couvre beaucoup de misères, et suffit pour régler l'ordre des successions.* » Sous cette rubrique on trouve notamment les lignes suivantes : « Puisque c'est un sacre-
« ment qui fait les familles, qui les marque et les dis-
« tingue, ne faut-il pas qu'il le fasse par une preuve
« de démonstration certaine, et que la relation qu'il
« établit entre le père et les enfants soit indubitable ?
« Autrement il n'y aurait rien d'assuré, il ne serait
« presque point de succession qu'on ne put que-
« reller, et ce serait faire une ouverture qui serait trop
« dangereuse. Ceux-mêmes qui disputent l'état des
« enfants sont-ils assurés du leur ; et s'ils doutent de la
« descendance et suite des autres qui leur a dit que la
« leur soit véritable..... A quoi l'on peut ajouter que
« les effets de la nature sont merveilleux, qu'elle a de
« grands secrets et qu'il ne faut pas toujours s'atta-
« cher à ses règles ordinaires. Qu'elle fait beaucoup
« de prodiges et que c'est par cette raison qu'on a jugé

« qu'un homme pouvait être capable de génération à
« cent ans..... etc..... »

124. — Les auteurs coutumiers disent en général
que l'impossibilité physique de cohabitation peut seule
entraîner le renversement de la règle, cette impossibilité n'existe que dans les hypothèses de l'impuissance
ou de l'absence du mari. « Les jurisconsultes, dit
« d'Aguesseau dans un de ses discours ne reconnais-
« sent que ces deux cas qui puissent balancer la force
« et l'autorité de la présomption [1]. »

Relativement à l'impuissance, il ne semble pas qu'on
rencontre de distinctions.

Qu'elle soit naturelle ou accidentelle, antérieure ou
postérieure à la célébration du mariage, peu importe,
elle sera prise en considération à la condition d'être
pleinement démontrée.

Mais sur ce dernier point, nous voyons toujours le
même esprit de sévérité. On exige une preuve complète. Le doute sur l'existence de cette infirmité profite
à l'enfant, qui sera déclaré légitime. On admet d'ailleurs, que l'impuissance peut suffisamment résulter
d'une maladie grave, « mais il faut pour cela (dit Le-
« brun) que la maladie soit telle, qu'elle produise une
« impossibilité *physique et morale :* car autrement on
« présume volontiers pour l'honneur des femmes, et
« l'on présuppose que la nature a fait un effort en la
« personne du mari malade..... J'ai vu rendre sur ces
« principes un arrêt à la Tournelle, le samedi 26 janvier

---

[1] Dumoulin n'a pas, à notre connaissance, traité cette matière,
mais, annotant Alexandre, (cons. 88, liv. 7,) il donne explicitement un avis conforme à la doctrine exposée au texte : après
avoir posé la règle *pater is est*, il ajoute : *Nec probatio in contrarium admitteretur si uxor* COHABITABAT *cum marito* NON IMPO-
TENTI.

« 1664, par lequel, sans avoir égard à l'interrogatoire
« d'une mère, dans lequel elle avait reconnu son adul-
« tère, et que l'enfant dont il était question n'était pas
« de son mari, qui d'ailleurs était un vieillard de soi-
« xante-dix ans, accablé de maladies, on confirma l'é-
« tat de l'enfant. »

125. — Merlin, auquel nous empruntons cette citation, donne un second arrêt. L'espèce est intéressante ; elle nous permettra de voir quelle différence
existait, au point de vue de l'inflexibilité des principes,
entre les Parlements et les Cours d'Eglise.

Après treize années de mariage, une femme, alléguant l'impuissance de son mari, demandait à l'official
du Mans la dissolution de l'union conjugale. Le mari
fut visité. La femme ayant porté contre lui une seconde
plainte, il demeura d'accord avec elle de son impuissance, et le mariage fut dissous.

Or, pendant la durée de la vie commune, la femme
avait donné le jour à un enfant. On se fonda sur ce
point pour attaquer devant le Parlement la sentence
de l'official. La Cour ne trouva point cette décision
assez solidement justifiée pour entraîner le renversement de la présomption de paternité. En conséquence,
par arrêt du 5 juillet 1655, l'enfant fut attribué au
mari et le mariage maintenu. Le 16 juillet 1695, arrêt identique de la même juridiction rendu sur les conclusions de d'Aguesseau et relaté par le journal des
Audiences.

L'impuissance devait donc être absolument certaine
pour motiver un désaveu de paternité.

126. —Le second cas d'impossibilité physique de
cohabitation était celui de l'éloignement du mari. Le
même esprit de rigueur présidait à la détermination

des caractères que devait présenter l'absence. Merlin nous en indique trois essentiels : elle devait être longue, certaine, continue. Au cas où l'une de ces conditions venait à manquer, l'action du mari n'était pas admise. C'est ainsi que le Parlement de Paris jugea, le 13 juin 1693, dans la célèbre affaire de Vinantes, sur les conclusions de d'Aguesseau, que la certitude de l'absence n'était pas suffisante. Le motif de cette décision était que les conjoints avaient été séparés seulement par une espace de 20 lieues.

Une solution identique fut donnée par la même Cour le 29 février 1712. Dans cette nouvelle espèce, le mari habitait la Flandre pendant que sa femme devenait grosse et accouchait à Paris ; l'enfant fut baptisé sous le nom d'un tiers. L'avocat général Joly de Fleury, dans ses conclusions, observait que presque tous les titres détruisaient la paternité du mari, mais que néanmoins il fallait appliquer la règle *pater is est,* puisque l'on ne se trouvait ni dans le cas d'impuissance, ni dans celui d'absence certaine[1].

127. — Telles furent, pendant longtemps, les seules causes possibles de désaveu. L'aldultère ne pouvait être invoqué à l'appui d'une demande de cette nature : « Quoique le mari eût convaincu sa femme d'adultère

---

[1] Cette sévérité des Parlements fut parfois poussée à une telle rigueur, qu'elle fournit des armes à la satire. En 1637, on publia dans la France entière un arrêt attribué au parlement de Grenoble, et par lequel celui-ci aurait admis la légitimité d'un enfant conçu pendant l'absence du mari, *par la force d'imagination de la mère.* Inutile d'ajouter que l'arrêt était supposé. Le Parlement de Paris défendit la publication de ce factum considéré comme injurieux. Celui de Grenoble, plus directement attaqué, ordonna, le 13 juillet 1637, que l'imprimé dont s'agit serait lacéré par l'exécuteur des hautes œuvres, jeté au feu et brûlé devant la grande porte du palais, etc.

« auparavant et pendant la grossesse, néanmoins l'en-
« fant sera présumé de son chef et serait légitime. »
C'est ainsi que s'exprime Ferrière sur l'art. 318 de la
coutume de Paris. La déclaration d'adultérinité faite
par la mère, et l'imputation d'une paternité autre que
celle du mari n'avaient également aucune force. Il faut
même aller plus loin. La déclaration des parents se
joignant à la preuve de l'adultère de la femme ne permettait pas d'échapper à la règle. Cela fut jugé par
arrêts du 2 août 1649, — 5 juillet 1655, — 26 janvier
1664. Peu importe d'ailleurs que d'autres circonstances
fussent encore venues s'ajouter à l'adultère. C'est ce
qui se présentait dans la fameuse affaire de Vinantes
déjà mentionnée. Dans cette espèce, le mari était absent durant le temps de la grossesse et de l'accouchement de sa femme. La naissance de l'enfant lui fut soigneusement cachée. Un seul homme en avait été pré-
venu, c'est celui que l'on désignait comme le père, et
qui se trouvait présent au baptême. Devant des indices aussi graves, le S$^r$ de Vinantes commença à
poursuivre sa femme pour cause d'adultère. Cette dernière fut condamnée aux peines de l'*authentique*[1], et

---

[1] Henrys nous éclaire sur la nature de cette peine (liv. 4 ch. 6,
9. 65). « En France la peine des femmes adultères est conforme à
celle établie par l'authentique *sed hodie* au Code *de adulter. Sed*
« *hodie adultera verberata in monasterium mittatur : quam intra*
« *biennum viro recipere licet, biennio transacto, vel viro priusquam*
« *reduceret mortuo : adultera tonsa monastico habitu suscepto, ibi*
« *dum vivit permaneat.* — Mais au Parlement de Paris, quoique
« la femme condamnée pour crime d'adultère porte le nom de
« cette authentique ; (car on l'appelle une femme authentiquée),
« néanmoins on se relâche tous les jours de la rigueur de l'au-
« thentique : car il y a longtemps qu'on ne condamne plus les
« femmes adultères à être fustigées, et à présent on leur permet
« de sortir du monastère après la mort de leur mari. Cela a été

le complice banni par contumace, les préléminaires
accomplis, le S$^r$ de Vinantes intenta son action en désaveu contre l'enfant ; d'Aguesseau la fit rejeter en
concluant en ces termes : « Telles sont les preuves qui
« résultent des informations ; preuves si considérables,
« que lorsqu'on les réunit, les principes mêmes du
« droit et les maximes les plus certaines paraissent de-
« venir douteuses, en considérant un si grand nombre
« de témoignages non suspects, qui concourent à faire
« présumer que celui qui réclame l'état de fils légi-
« time est le fruit du crime de sa mère. N'abandon-
« nons pourtant pas l'autorité des seuls principes qui
« puissent assurer la naissance des hommes, et ne nous
« laissons pas tellement frapper par cette multitude
« de présomptions, que nous donnions atteinte aux
« fondements de la société civile. Ces arguments
« sont vraisemblables, mais il ne sont pas invinci-
« bles. »

128. — La séparation entre les époux pouvait-elle
produire une impossibilité morale de cohabitation permettant le renversement de la présomption *pater is est?*
Il semble impossible de répondre à cette question
d'une manière absolue. Dans les coutumes de Beauvoisis, telles que nous les expose Beaumanoir, la séparation de corps produisait ce résultat. Le mari pouvait méconnaître l'enfant né « *puis le dessoivrement.* »
Il est fort difficile de voir si ce principe a persisté et
s'est étendu aux autres coutumes.

Merlin semble l'admettre sous plusieurs conditions.
Il faudrait que la séparation de corps eût été pronon-

« ainsi jugé par un arrêt rendu à la Tournelle le 11 juin 1684. »
— L'auteur ajoute que cet arrêt établit une jurisprudence nouvelle.

cée en justice, pour cause d'adultère de la femme, et qu'il ne fût pas intervenu de réconciliation entre les époux. Si la femme prouve que son mari lui a rendu visite pendant la séparation, l'enfant doit être déclaré légitime. « C'est, dit Lebrun, ce que j'ai vu juger à « l'occasion d'un femme accusée d'adultère qui devint « grosse pendant sa prison et cela sur le simple certi- « ficat d'un garçon geôlier qui attestait que le mari « lui avait rendu visite. » Deux arrêts du parlement de Paris ont admis le désaveu pour ce motif, l'un du 9 mai 1693, l'autre du 1ᵉʳ décembre 1701. Voici en quels termes le second se trouve mentionné dans la nouvelle collection de Denizart (t. 2. p. II, p. 14) : « Les trois enfants de Gabrielle Pereau connue sous « le nom de la belle épicière, nés depuis l'accusation « d'adultère intentée contre elle par son mari, ont été « jugés adulterins, par arrêt de l'année 1701, faute « par elle d'avoir pu prouver une réconciliation avec « son mari depuis l'accusation intentée. »

Nous ne saurions affirmer si ces deux arrêts étaient conformes à la jurisprudence générale ou s'ils étaient au contraire exceptionnels. La seconde alternative semblerait plus probable, étant donné ce que nous avons déjà dit sur la doctrine de beaucoup d'auteurs. Cela ressort du principe absolu de d'Aguesseau cité précédemment, et d'après lequel l'impossibilité physique de cohabitation peut seule être invoquée contre la paternité du mari.

129. — Néanmoins, vers le milieu du siècle dernier, cette sévérité commença à s'adoucir. En 1745, M. Joly de Fleury, procureur général près le Parlement de Paris, fit rentrer cette juridiction dans une nouvelle voie. Elle admit, par un arrêt célèbre, un désaveu de

paternité pour cause d'impossibilité morale de cohabitation, résultant de titres ou de simples présomptions
contre la paternité du mari. Les faits de cette espèce
se trouvaient très-favorables au désavouant. Il était
défendeur. Il était resté séparé amiablement de sa
femme pendant trente cinq ans. L'enfant issu de cette
dernière réclamait la situation de légitime, après avoir
conservé l'état d'enfant adultèrin pendant près de vingt
cinq ans. On comprend qu'il eut été difficile, en pareille hypothèse, d'appliquer toutes les sévérités de la
jurisprudence coutumière. Cette modification provenait d'une idée équitable, que les rédacteurs du Code
Civil ne devaient point abandonner. Notre art. 325
confirme, en effet, la théorie du Parlement de Paris,
dans les espèces où le désaveu n'est qu'une défense
du mari contre une réclamation d'état intentée par
l'enfant. Cependant Merlin n'osait admettre la doctrine du Parlement. « Cette décision est bien hardie,
« dit-il dans son répertoire, si elle est rapportée fidè-
« lement. On ne voit dans les circonstances retracées
« par l'arrêtiste ni impuissance physique, ni absence
« suffisante pour faire cesser la règle *pater is est quem*
« *nuptiæ demonstrant* ; et ce sont cependant les deux
« seules exceptions que l'on puisse adapter à cette rè-
« gle si l'on veut ne pas abandonner ces sortes de
« questions à un arbitraire effrayant. » Malgré les ré-
sistances qu'elle dut soulever, cette doctrine fut consacrée par un nouvel arrêt du Parlement en date du
13 mars 1758. Le Code Civil, auquel nous arrivons,
s'y est conformé en permettant, dans certains cas limitativement déterminés, et moyennant l'existence de
plusieurs conditions, le désaveu d'un enfant pour cause
d'impossibilité morale de cohabitation entre les époux.

# CODE CIVIL

## PRÉLIMINAIRES

## SOMMAIRE



130. — « Il existe une règle d'autant plus sacrée « qu'elle n'a d'autre origine que l'origine même de la « société ; d'autant plus respectable, que tous les peu- « ples l'ont respectée, et d'autant plus nécessaire « qu'elle assure la tranquillité et la perpétuité des fa-

« milles : c'est la loi qui veut que le mariage indique
« le père ».

Ainsi s'exprimait Cambacérès dans son discours sur
le deuxième projet du Code Civil, prononcé durant la séance du 23 fructidor an II, à la Convention. La règle
romaine devait donc rentrer dans la nouvelle législation et devenir le principe fondamental de notre matière.
Le Code Civil ne fut achevé que dix ans après cette
époque, mais aucune variation ne fut introduite sur
ce point. Les projets consécutifs ont tous reproduit
cette règle dans des termes à peu près identiques.
Dans la séance du 2 germinal an XI, le tribun Duveyrier, présentant au corps législatif la loi qui devait former le titre de la paternité et de la filiation, prononçait les paroles suivantes : « Dans l'impossibilité d'em-
« prunter à la nature un signe évident et infaillible de
« la paternité, et néanmoins dans la nécessité de l'ob-
« tenir pour fonder les sociétés sur l'exacte division
« des familles et la succession certaine des individus
« et des biens, l'homme a saisi la présomption la plus
« voisine de la preuve..... cette conjecture d'une force
« presque égale à l'évidence, a été le guide sûr des
« fondateurs de toute société..... cette règle fonda-
« mentale est aussi la base de la loi proposée. »[1] Immédiatement après la lecture de cet exposé des motifs,
le projet était adopté et devenait partie intégrante du
Code Civil.

Nous arrivons donc immédiatement à la législation
actuelle, sans vouloir nous arrêter aux divers inci-
dents des travaux préparatoires. Les remarques à faire
sur chacune des différentes rédactions ne présentent

---

[1] Fenet, tom. 10 pag. 204.

qu'une importance minime. D'ailleurs, nous indiquerons en leur lieu et place les arguments à en tirer
pour la solution des nombreuses controverses que
nous allons rencontrer.

131. — On a peine à concevoir, au premier abord,
que le nombre des difficultés soit aussi considérable,
en cette matière. On serait porté à accuser de légèreté
les rédacteurs du Code. Les inconvénients que l'on
voulait faire disparaître étaient présents à tous les esprits. On se rappelait les fortes paroles de d'Aguesseau démontrant que les relations de filiation et de
paternité devaient être fixées par des règles précises et
immuables ; on sentait combien il était temps d'en finir avec le régime du vague et de l'arbitraire des tribunaux ; comment expliquer que l'on ait laissé persister de l'incertitude sur des points aussi nombreux ?
Cette critique est d'autant plus aisée à faire aujourd'hui, que la plupart des questions délicates se sont
posées et ont été tranchées plusieurs fois. Mais au moment de la confection du Code, pouvait-on facilement
les prévoir ? On cherchait a faire disparaître les abus
que l'on connaissait, les incertitudes qui avaient toujours dominé la matière ; mais il ne faut point oublier
qu'elle n'avait jamais été régie par des textes certains,
ou du moins que ces textes ne nous sont pas parvenus.
De là, deux écueils à éviter : le premier, de laisser
subsister les abus antérieurs. Ici les législateurs ont
fait leur possible et ont réussi, les résultats anciens,
ces sentences qui avaient provoqué tant de critiques
souvent acerbes, ne peuvent plus se reproduire aujourd'hui.

Quant à la seconde difficulté, elle consistait à poser
un texte tellement précis et logique, qu'il ne laissât

aucune place à la discussion, à formuler les règles
dans un langage aussi limpide que la question était
obscure, à prévoir en un mot et à prévenir toute controverse basée sur la rédaction elle-même. Le danger
était d'autant plus difficile à éviter qu'il ne s'était encore jamais présenté. Les législateurs n'ont pu le
vaincre entièrement. L'expérience peut seule permettre de faire de bonnes lois, et de les rédiger d'une manière aussi parfaite, que leurs termes ne donnent lieu
à aucune discussion. Espérons que s'il intervient bientôt un remaniement du Code, cette lacune sera com-
blée, et que la plupart des controverses, résultant de la
mauvaise rédaction des textes, disparaîtront à la suite
de cette révision.

132. — La règle est posée au commencement de
l'art. 312, le premier de notre titre : « l'enfant conçu
pendant le mariage a pour père le mari, » ce n'est
point une traduction littérale du fragment 5 *de in jus
vocando*, quoique ce texte fût présent à toutes les mémoires, et qu'on voulût rendre la même pensée. Dans
les différents projets de la Convention, on semblait
s'attacher à le traduire : « le mariage, disait-on, indique le père. » La nouvelle formule est préférable. Elle
circonscrit immédiatement la sphère de la pleine application du principe. Elle dit expressément que la condition pour l'invoquer sera la conception pendant le
mariage ; la loi romaine ou ses traductions ne le disaient qu'implicitement. De plus, elle appelle immédiatement et comme corollaire indispensable la présomption sur la durée des grossesses. Quel enfant
sera réputé conçu pendant le mariage? telle est la
question qui se pose après la lecture des premiers
mots de l'art. 312.

133. — Il faut remarquer, en outre, que la règle est posée d'une manière absolue et générale. Elle est limitée au mariage ; Elle s'applique toujours, sauf dans les cas exceptionnels prévus expressément par la loi même. En dehors du mariage, elle ne peut au contraire recevoir aucune application. La loi prohibant la recherche de la paternité naturelle ne saurait la présumer en aucune circonstance. Il existe pourtant un cas dans lequel cette recherche est admise, c'est dans l'hypothèse d'un enlèvement correspondant à l'époque de la conception. Le juge *peut* alors, sur la demande des parties intéressées, déclarer le ravisseur père de l'enfant. C'est une simple faculté, non une obligation, que la loi lui confère. Elle permet très-exceptionnellement de rechercher et de prouver, même à l'aide de simples présomptions de l'homme, une paternité dont elle défend la réclamation dans les cas ordinaires ; elle donne au juge le pouvoir de l'admettre, s'il la croit suffisamment démontrée, mais elle n'érige point en présomption légale la paternité du ravisseur [1]. La règle *pater is est* ne s'étend pas en dehors de l'union conjugale.

[1] Indépendamment du texte même de l'art. 340, les travaux préparatoires démontrent manifestement cette vérité. La proposition d'admettre la recherche de la paternité dans le cas d'enlèvement fut reprise par la section de législation du Conseil d'Etat, durant la séance du 13 brumaire an XI. La première rédaction du projet rendait la déclaration de la paternité du ravisseur obligatoire pour le juge. C'était alors une véritable présomption légale, et Treilhard en demandait l'admission. Néanmoins, sur les observations de Boulay, ce système fut écarté et la rédaction primitive remplacée par celle que nous lisons aujourd'hui dans l'art. 340.

Il est même curieux de faire remarquer. que la faculté laissée au juge n'a pour ainsi dire aucunes limites. Supposez, en effet,

**134.** — Le principe que nous venons de poser souffre une seule exception. Un mariage peut être, par suite d'une annulation rétroactive, censé n'avoir jamais eu d'existence, et la présomption de paternité légitime s'appliquerait encore. Cela résulte de la combinaison entre l'art. 312 et les art. 201-202 du Code Civil, qui introduisent dans notre législation l'ancienne théorie du mariage putatif. Un mariage a été contracté au mépris d'un empêchement dirimant : la bonne foi de l'un des conjoints assure à cette union tous les effets d'un mariage valable. Les enfants qui lui auront dû le jour, seront considérés comme légitimes et pourront invoquer la présomption légale de l'art. 312. C'est la seule hypothèse dans laquelle la paternité se trouve présumée au dehors du mariage. Ce résultat ne se produit que parce que le législateur accorde à cette union un caractère fictif de légitimité.

que la femme victime du rapt ait été tenue en chartre privée durant la période de conception tout entière, c'est-à-dire, depuis le trois cent-unième, jusqu'au cent quatre-vingtième jour avant et y compris celui de la naissance de l'enfant, le juge, malgré la presque certitude de la paternité du ravisseur, ne serait pas obligé de la prononcer, et sa décision échapperait sur ce point à la censure de la Cour suprême. — Chr. Aubry et Rau, §. 569 note 17, et les auteurs qu'il cite. Demolombe t. 5 n° 493 professe la même opinion.

# CHAPITRE PREMIER

PRÉSOMPTION SUR LA DURÉE DES GROSSESSES

## SOMMAIRE

*Section I^re. — Détermination exacte des délais.*

*Section II. — Force de la présomption sur la durée des grossesses.*

## SECTION I

### Détermination exacte des délais.

135. — Quel enfant doit-on réputer conçu pendant le mariage? L'époque de la conception, nous l'avons déjà dit, ne peut se déterminer approximativement que par l'étude d'un phénomène physiologique : la durée des grossesses. Le conseil d'Etat résolut de confier la solution de ce problème à un homme de science. Le célèbre Fourcroy fut commis pour faire un rapport à la section de législation. Ce travail fut présenté à la séance du 14 brumaire an X. L'auteur avait fait un historique très-complet de la question, en donnant l'avis de jurisconsultes et de tous les savants anciens et modernes. Il concluait en ces termes : « En consé-« quence et d'après tous les faits, ainsi que d'après les « raisonnements rassemblés ci-dessus, on doit con-« clure que l'opinion déjà présentée au Conseil, sur la « fixation de 186 jours pour les naissances accélérées « et de 286 pour les naissances tardives, ainsi que « pour la légitimation des enfants qui proviennent des « unes et des autres, se trouve parfaitement d'accord « avec la portion la plus éclairée et la plus sage des « physiciens, des naturalistes et des jurisconsultes. »

136. — Les chiffres indiqués par Fourcroy furent primitivement insérés au projet, mais ils n'ont pas été maintenus. Le premier Consul proposa de considé-rer comme conçu pendant le mariage, l'enfant qui naîtrait soit après 180 jours depuis la célébration soit dans les 300 jours après la dissolution de l'union con-

jugale. Cette mention fut adoptée et la proposition de
Fourcroy modifiée. Une raison de simplicité explique
cette modification ; les 180 jours ou les 300 jours dont
il est question correspondaient exactement à six mois
ou dix mois du calendrier républicain en vigueur à
cette époque. Mais ce motif n'est pas le seul, celui que
nous allons signaler offre une importance infiniment
plus grande. Les législateurs voulurent qu'il n'y eût
plus d'erreur possible au préjudice d'un enfant qui
aurait été réellement le fruit du mariage. On préfé-
rait faire trop que pas assez. On s'exposait, il est vrai,
à favoriser jusqu'à un certain point l'introduction d'un
étranger dans la famille, mais de deux maux on choi-
sissait le moindre. Il valait mieux admettre ce résultat, que voir un enfant exclu peut-être, par la rigueur
du chiffre légal, d'une famille à laquelle il aurait ap-
partenu selon la nature. La faveur de la légitimité l'em-
portait, c'est un point que nous ne devons pas oublier.
Cette idée régnait constamment dans l'esprit des rédacteurs du Code : nous sommes sûrs, d'ores et déjà
de ne pas sortir de leur intention quand nous l'invo-
querons au cours de cette étude.

Les chiffres ainsi modifiés ont été insérés dans les
art. 314 et 315 du Code Civil. Il résulte clairement de
ces deux textes, que l'enfant né avant le 180° jour du
mariage, et l'enfant né 300 jours après sa dissolution,
ne sont point censés conçus pendant le mariage. En
conséquence, ils se trouvent en dehors de la sphère de
pleine application de la présomption édictée dans la
première partie de l'art. 312.

137. — Tout cela paraît très-clair et les art. 314 et
315 ne semblent à ce point de vue donner lieu à aucune difficulté. Cette apparence est trompeuse. Les

délais étant indiqués, il s'agit d'en déterminer le point de départ et le terme de la manière la plus précise. Or, cette question est fort délicate et la loi ne nous en fournit pas la solution expresse. Examinons les textes. L'art. 314 est clair : « l'enfant né avant le cent-quatre-vingtième jour du mariage » n'est pas censé conçu pendant le mariage. Le point de départ du délai résulte nécessairement des expressions employées par le législateur : c'est le jour[1] du mariage, il est compris dans le délai. Le point d'arrivée est également déterminé par ce texte : c'est le commencement du cent-quatre-vingtième jour du mariage. En conséquence, la durée des plus courtes grossesses n'est pas de cent-quatre-vingts jours pleins ; elle est de cent-soixante-dix-huit jours pleins, plus deux fractions de jour : celle du jour du mariage et celle du jour de la naissance. Toutes les fois qu'on aura à se demander si la conception d'un enfant se place pendant la durée de l'union conjugale, il faudra compter les jours à partir de celui du mariage inclusivement. L'enfant sera censé conçu depuis la célébration s'il est né au plus tôt, pendant le cent quatre-vingtième jour. Si sa naissance précède ce jour, il sera présumé avoir été engendré à une époque antérieure au mariage.

138. — Le calcul du délai n'est pas aussi simple d'après le texte de l'art. 315 : l'enfant « né trois cents jours après la dissolution du mariage » est réputé conçu postérieurement à cette dissolution. Détermi-

---

[1] On distingue entre le jour naturel et le jour civil ou astronomique. Le premier comprend l'intervalle de temps s'écoulant entre le lever et le coucher du soleil. Le second comprend l'intervalle qui sépare deux minuits. C'est évidemment de ce dernier qu'il s'agit en notre matière.

nons plusieurs idées qui ressortent de ce texte. D'a-
bord, il parle de jours révolus ; il serait impossible de
le contester. On ne pourrait soutenir que l'enfant né
pendant le dernier jour du délai fixé, et tant que ce
jour n'est pas terminé, est né trois cent jours après
la dissolution. En second lieu, le jour de la dissolution n'est point compris dans les trois cents dont parle
notre article. En effet, si l'on disait : un jour après
la dissolution du mariage, voudrait-on entendre par
ces mots le jour même qui voit s'opérer cette dissolution ? Le bon sens et le langage usuel qui en est l'expression suffisent pour faire comprendre qu'il s'agirait
dans ce cas du jour qui suit *celui* de la dissolution.
La locution employée par le Code revient donc à la
suivante dont elle n'est qu'un abrégé inexact : trois
cents jours *après celui* de la dissolution. L'art. 315
ainsi complété, le doute n'est plus possible, le jour de
la dissolution ne compte pas, n'est point compris dans
le délai. En conséquence, l'enfant né 300 jours révolus
après celui de la dissolution, ou, pour parler plus clairement, le *trois-cent-deuxième jour* de la dissolution du
mariage, sera réputé conçu depuis la cessation de
l'union conjugale. Eclairons cela par un exemple :
Supposez que le mariage a cessé d'exister le premier
mars. Un enfant naissant de la veuve le vingt-six décembre à onze heures du soir sera légitime. En effet,
cet enfant n'est pas né trois cents jours après celui de
la dissolution, le dernier de ces trois cents jours n'é-
tant pas encore expiré. Le résultat serait absolument
inverse si l'enfant venait au monde durant la même
nuit, mais une heure plus tard[1], le délai fixé par l'art.
315 expirant à minuit.

[1] Il résulte de là que l'hypothèse suivante, quoique un peu sin-

139. — Il est facile maintenant de déterminer la durée de la plus longue grossesse admise par le législateur. L'art. 315 nous dit en premier lieu qu'elle se prolongera pendant deux-cent-quatre-vingt-dix-neuf jours pleins, plus le jour de la naissance qui sera compté pour le trois-centième. Mais ce n'est pas tout. D'après l'art. 315 lui-même, l'enfant provenant de cette gestation est légitime ; sa conception se place pendant le mariage. Par conséquent, il faut ajouter à ces trois cents jours, un jour qui sera le dernier du mariage, celui même de la dissolution[1]. Cette opération nous conduit au chiffre de trois-cent-un jours, pour la durée totale de la plus longue grossesse.

Voilà donc ces différents délais précisés rigoureusement, ce nous semble, en prenant pour point de départ les art. 314 et 315 où se trouvent incontestablement les principes de la matière.

140. — C'est ici le lieu de déterminer ce que nous

gulière, pourrait fort bien se présenter. Le travail de l'accouchement peut avoir commencé quelques heures avant minuit et la naissance ne se produire qu'après cette heure qui marque l'expiration du délai. On voit fréquemment des accouchements qui mettent assez longtemps à s'effectuer. Quelle serait, en pareil cas, la situation de l'enfant ? Il faudrait, à notre avis, le réputer conçu pendant le mariage. La grossesse paraît terminée au moment où la nature produit les efforts destinés à expulser l'enfant hors du sein maternel. Le retard de la naissance ne peut plus s'expliquer que par la conformation ou l'état pathologique de la mère. Or, c'est justement *d'après la durée de la grossesse*, que la loi détermine l'époque de la conception. Dans l'espèce actuelle, la gestation ne s'étant pas prolongée au-delà du terme légal, l'enfant sera légitime. Ce résultat est certainement conforme à l'esprit du législateur favorable, autant que possible, à la légitimité.

[1] Il est évident que l'art. 315 ne prévoit que *la durée de la grossesse après le jour de la dissolution du mariage*.

avons appelé précédemment la période de conception, c'est-à-dire, l'intervalle de temps pendant lequel ce phénomène s'est nécessairement accompli.

Puisque la grossesse la plus courte ne peut être moindre de cent-soixante-dix-huit jours, plus deux fractions comptées chacune pour un jour, il est évident que la conception a pu se produire *au plus tard* le cent-quatre-vingtième jour avant et y compris celui de la naissance de l'enfant. En effet, le jour de la naissance et les cent-soixante-dix-huit jours pleins additionnés ensemble, nous reportent au cent-soixante-dix-neuvième jour précédant ce point de départ. D'un autre côté, il ne faut point oublier que la conception a été possible pendant le cent-quatre-vingtième jour, puisque dans le calcul de la durée de la plus courte grossesse, ce jour est compté par l'art. 314. Concluons donc rigoureusement que l'extrême limite de la période que nous cherchons, est la fin du cent-quatre-vingtième jour avant et y compris celui de la naissance de l'enfant.

141. — Le point où elle commence ne sera pas plus difficile à déterminer. La grossesse la plus longue ne peut d'après nos explications antérieures excéder une durée de trois-cent-un jours. Nous compterons le jour de la naissance et nous y ajouterons les trois cents jours qui l'ont précédé. La période pendant laquelle le législateur a présumé la conception possible s'étend en conséquence depuis le trois-cent-unième jour, jusqu'à la fin du cent-quatre-vingtième avant et y compris celui de la naissance de l'enfant. Exemple : Supposons un enfant né le vingt-six décembre, l'intervalle durant lequel la conception aura pu s'opérer, commencera le premier mars au début de la jour-

née, ou pour préciser, le dernier jour de février à minuit, pour finir le 30 juin suivant à la même heure. Elle durera pendant cent-vingt-deux jours pleins. Tout cela est d'une exactitude mathématique et découle rigoureusement des art. 314 et 315 qui forment le point de départ de notre raisonnement.

Rien de plus facile maintenant que de décider si, *au point de vue de la conception*, un enfant est ou non légitime. Quand une partie quelconque de cette période de cent-vingt-deux jours se place dans le mariage, l'enfant a pu être conçu pendant sa durée. Le législateur, le faisant profiter de cette possibilité, et tranchant la question en faveur de la légitimité, le déclare conçu pendant le mariage et par conséquent légitime.

142. — Malheureusement nous tombons en lutte ouverte avec un texte. L'art. 312 (2ᵉ alinéa) permet le désaveu de paternité pour cause d'impossibilité physique de cohabition entre les époux, à la condition que cette impossibilité ait persisté « *depuis le trois-centième* « *jusqu'au cent-quatre-vingtième jour avant la nais-* « *sance de l'enfant*[1]. »

Plusieurs idées se dégagent de cet article. La durée des plus longues grossesses reste fixée à trois-cent-un jours, terme que nous avons adopté précédemment. En cela, l'art. 315 se trouve confirmé et corroboré par l'art. 312. La durée minima des gestations serait au contraire modifiée : elle comprendrait cent-quatre-vingt-un jours, au lieu des cent-quatre-vingts très-clairement déterminés par l'art. 314. Il existe une antinomie manifeste entre ces deux textes. De là découle

---

[1] C'est comme s'il y avait « avant celui de la naissance. » V. ce que nous avons dit sur ce point, supra nº 138.

nécessairement un chiffre différent de celui que nous avons donné pour l'étendue de la période de conception. Au lieu de cent-vingt-deux jours, elle ne se composerait plus, d'après l'art. 312, que de cent-vingt-un jours pleins.

143. — Il est bien facile de voir, par l'analyse attentive des textes, quelle est la raison de cette divergence. On a pris, pour les insérer dans l'art. 312, les nombres qui se trouvaient déjà dans les art 314 et 315, mais sans observer qu'il existait entre la contexture de ces deux articles, une différence essentielle. Dans l'art. 314, le nombre ordinal est employé, c'est, au contraire, le nombre cardinal dans l'art. 315 ; le premier jour de la grossesse est compris dans la formule de l'art. 314, il ne l'est point dans celle de l'art. 315. Il fallait tenir compte de cette dissemblance, en reprenant le principe fixé par ces articles. On a voulu réunir dans une seule phrase de l'art. 312, des nombres qui avaient été déterminés en prenant un point de départ différent. La contradiction devait résulter inévitablement d'une pareille opération. Nous sommes donc réduits à opter entre le mode de calcul de l'art. 312 d'une part, ou celui des art. 314 et 315 de l'autre, leur conciliation étant d'une impossibilité évidente.

144. — A notre avis, le choix n'est pas douteux ; il faut s'en référer aux art. 314 et 315.

En effet, l'art. 312 a eu pour but de déterminer la période pendant laquelle la conception a été possible. Or, cette période ne saurait être fixée *à priori ;* elle découle nécessairement, et par voie de conséquence, du chiffre adopté par le législateur sur le minimum et le maximum des grossesses. Le siège du principe est donc le texte qui édicte ce dernier chiffre, c'est, dans notre hypothèse, les art. 314 et 315.

Si la loi emploie dans l'art. 312 une expression inexacte et contradictoire avec le principe qu'elle a posé, l'interprète ne doit pas pour cela se dégager et s'écarter du principe. Il doit faire prévaloir l'esprit évident, l'intention certaine du législateur plutôt que d'invoquer un texte inattentivement rédigé et conduisant à un résultat illogique et contradictoire. C'est ce que nous faisons en nous rattachant au mode de calcul indiqué par les art. 314 et 315, siège incontestable du principe.

145. — Nous invoquons l'esprit évident du législateur. Sur ce point les travaux préparatoires nous fournissent un argument d'un poids considérable.

Les trois premières rédactions du projet n'indiquaient aucun délai, quand il s'agissait de fixer le temps pendant lequel avait duré l'impossibilité de cohabitation. L'interprète devait le déterminer par induction des textes établissant la longueur des grossesses extrêmes. Notamment, le troisième projet était ainsi « conçu : « Art. 1er... Néanmoins celui-ci (le mari) « pourra désavouer l'enfant, s'il prouve *qu'au moment* « *de la conception*, il était..... dans l'impossibilité de « cohabiter avec sa femme. »

Ce projet fut communiqué au tribunat qui l'examina dans la séance du 19 vendémiaire an XI et les jours suivants. Voici dans quels termes la section proposa de le modifier. « Sur le second paragraphe de l'art « premier du chapitre 1er on observe que les mots « *au moment de la conception de l'enfant*, n'offrent « qu'un idée vague. L'époque de la conception étant « inconnue, ce n'est qu'en circonscrivant ce moment

« dans les limites les plus généralement avouées, qu'il
« est possible de prévenir les inconvénients de l'arbi-
« traire.

 « Deux cas sont à prévoir :

« 1° La naissance de l'enfant la plus précoce ;

« 2° La naissance la plus tardive.

 « A la vérité l'un et l'autre cas sont prévus par les
« art. 3 (314) et 4 (315) du projet. L'art. 3 déter-
« mine le plus court terme depuis le moment de la
« conception jusqu'à celui de la naissance ; l'art. 4
« détermine le plus long : mais comme ces deux arti-
« cles sont absolument indépendants du paragraphe
« dont il s'agit, lequel n'est relatif qu'à l'impossibilité
« physique, et aux enfants conçus pendant le mariage,
« les termes qu'ils fixent ne pourraient lui être *appli-*
« *qués que par induction. L'importance du sujet, l'or-*
« *dre des articles, la clarté de la rédaction sollicitent*
« *pour ce paragraphe* UNE EXPLICATION *formelle.*

 « On propose de le rédiger ainsi. Néanmoins, ce-
« lui-ci pourra désavouer l'enfant s'il prouve que
« *trois cent un* [1] *jours* avant la naissance de cet enfant
« et depuis cette époque jusqu'au cent-quatre-ving-
« tième jours sans interruption il était... dans l'impos-
« sibilité physique de cohabiter avec sa femme. »

 « — Cette nouvelle rédaction est adoptée. »

(V. Fenet, tom. 10, page 116).

Il est certain, d'après cette citation, qu'on avait
uniquement l'intention de transporter le délai résul-

---

[1] Ce premier chiffre était inexact ; il fut remplacé par celui
que nous lisons actuellement qui ne l'est pas. — L'erreur de
l'art. 312 est commise dans la fixation du terme le plus rapproché.

tant de nos art. 314 et 315 dans l'art. 312 pour *éviter une induction* à l'interprète. On voulait consacrer le chiffre déterminé par ces deux articles bien loin de songer à le modifier.

146. — Bigot-Préameneu fut nommé pour présen-senter le projet ainsi modifié au corps législatif. Nous trouvons dans son exposé des motifs quelques lignes qui ne laissent aucun doute sur la question. « La règle « établie sur les naissances avancées ou tardives *rece-* « *vra encore son application* dans le cas où le mari « voudra désavouer son enfant pour cause d'impossi- « bilité physique de cohabitation. La loi exige qu'il « y ait eu impossiblité depuis le trois centième jus- « qu'au cent-quatre-vingtième jour avant la naissance « de l'enfant. » Le rapporteur se trompe en employant les termes mêmes du projet, mais il est manifeste qu'il croit faire une application exacte des nombres déterminés par les art. 3 et 4 (314 et 315). Tous les rédacteurs du Code le croyaient également.

Nous devons donc maintenir le principe des art. 314 et 315 et le système de computation qu'ils comman-dent. Il faut lire l'art. 312 comme s'il portait : *depuis le trois-cent-unième jusqu'au cent-quatre-vingtième jours avant et y compris celui de la naissance.* C'est par suite d'une erreur purement matérielle, d'un véritable *lapsus* que la loi a été autrement rédigée.

147. — Voyons maintenant quel est l'état de la doc-trine sur cette grosse question du calcul des délais. Duranton (t. 3. n° 32.) Marcadé (comm. sur l'art. 312. n° 2.) Massé et Vergé sur Zachariœ (t. 1. p. 294) comptent comme nous l'avons fait, lorsqu'il s'agit d'appliquer soit l'art. 314, soit l'art. 315. Néanmoins, ces auteurs arrivent à cette solution par certains argu-

ments différents des nôtres. Ils invoquent en première ligne cette considération que leur système est le plus favorable à la légitimité. Elle ne suffirait point, à notre sens, pour motiver une solution, elle permet tout au plus de corroborer les raisons que nous avons déjà fournies. En second lieu, ils ne poussent pas leur principe jusque dans ses dernières conséquences. Ainsi ils ne réfutent pas suffisamment l'objection tirée de l'art. 312-2°, ils laissent subsister la contradiction entre ce texte et les art. 314 et 315.

148. — Les autres auteurs sont partis d'une idée différente. Étant donné que la loi fixe des délais pour le maximum et le minimum de durée des grossesses, ils se sont demandé *a priori*, si le législateur avait ou non compris dans ces délais le *dies a quo* et le *dies ad quem*. Suivant alors la solution qu'ils donnent à cette question, ils prennent les textes et cherchent à les plier à leur théorie. Il nous semble que c'est partir d'une idée préconçue. Il faut prendre pour point de départ les bases posées par les art. 314 et 315, et raisonner ensuite, sans s'inquiéter si le *dies a quo* étant compris dans l'art. 314, il doit ou non l'être dans l'art. 315. Quoi qu'il en soit, la majorité des auteurs n'a pas voulu admettre que le législateur ait eu l'intention de le compter en un cas et non dans l'autre. Ils ont dit qu'il fallait procéder de la même manière pour le délai minimum et pour le délai maximum, malgré la différence existant dans la rédaction des deux art. 314 et 315. De là deux systèmes différents.

149. — Le premier consiste à calculer dans les deux cas comme nous l'avons fait pour l'art. 314, c'est-à-

dire, à comprendre le *dies a quo* dans le délai [1]. En suivant ce procédé le chiffre des plus courtes grossesses est égal à celui que nous avons donné, mais le délai maximum est inférieur d'un jour aux trois-cent-un fixés par nous, il n'est plus que de trois cents. Ce système a été enseigné par Toullier (t. 2. n° 792) et Delvincourt (t. I, p. 83, note 3.) Il est complétement abandonné aujourd'hui par suite de cette raison qu'il est le plus défavorable à la légitimité. Il conduit en effet à diminuer d'un jour la période pendant laquelle un enfant peut naître légitime après la dissolution du mariage. D'ailleurs, il n'évite pas la contradiction et doit succomber nécessairement devant l'objection tirée de l'art. 312.

150. — Les autres interprètes, sauf de très-rares exceptions [2], tiennent, au contraire, que le *dies a quo* doit être également exclu dans les deux cas, c'est-à-dire, que l'on doit procéder dans l'hypothèse de l'art. 314, comme lorsqu'il s'agit d'appliquer l'art. 315. D'accord avec nous pour la fixation du délai maximum des naissances tardives, ils se séparent pour la déterminaison du minimum des grossesses. Il résulte en effet de leur théorie, que le jour du mariage n'étant pas compris dans les cent-quatre-vingts dont parle l'art. 314, il faudra l'ajouter à ce chiffre pour obtenir la durée totale de la grossesse, qui pourra se trouver ainsi de cent-quatre-vingt-un jours. Ce système a été enseigné par MM. Aubry et Rau (t. 6. p. 29 et 37,) Ducaurroy, Bonnier et Boustaing (t. 1, p. 450), De_

---

[1] Nous ne parlerons pas du *dies ad quem,* tous les auteurs s'ac cordant à le comprendre dans le calcul.

[2] V. *infra,* système *de momento ad momentum,* n<sup>os</sup> 151 et suiv.

mante (t. 2, n° 38 bis), Zachariæ (livre III), Duvergier sur Toullier. (t. 2, n° 792, note, *a.*)

M. Demolombe s'est rallié à cette opinion qu'il a développée avec son grand talent. Il argumente surtout de l'art. 312 (2° alinéa,) disant que si le législateur a compris une fois les deux délais dans une même phrase, il voulait que le point de départ fût toujours le même pour les deux, en ce qui concerne l'exclusion du *dies a quo.* L'argument tiré de l'art. 312-2° ne saurait nous émouvoir beaucoup ; nous croyons l'avoir entièrement détruit dans nos explications antérieures.

151. — Jusqu'ici nous avons raisonné comme s'il était établi que le calcul doit se faire par jour, *de die ad diem.* Or, ce point se trouve précisément contesté. M. Valette, dans son explication du livre 1ᵉʳ du Code Civil, a proposé un système contraire, d'après lequel on devrait calculer *de momento ad momentum,* c'est-à-dire par périodes de vingt-quatre heures, à partir de l'événement qui sert de point de départ. Cette opinion a été fortement défendue par une note de M. Le Gentil, avocat à Arras, insérée dans le recueil de Sirey (1837, 2, 370). Enfin M. Laurent vient de lui donner sa puissante adhésion.

La nouvelle théorie présente un avantage incontestable. Elle supprime toutes les difficultés sur le point de départ ou le point d'arrivée des délais. Les controverses nombreuses que nous venons d'examiner disparaissent entièrement. Il ne reste plus qu'un point de départ rigoureusement déterminé, c'est l'heure du mariage, de sa dissolution ou de la naissance de l'enfant. Plus de contestations possibles, plus d'obscurités.

Tel est le côté séduisant. Mais l'esprit du législateur

le texte des différents articles que nous avons cités, permettent-ils cette interprétation ? Voilà le point délicat du problème ; voilà ce que nous avons à rechercher.

152. — Voyons d'abord quels sont les arguments de ce système.

En premier lieu, ses partisans insistent sur ses avantages pratiques, avantages que nous reconnaissons et que nous venons de signaler nous-mêmes. Cet argument ne saurait être bien fort au point de vue interprétatif, c'est-à-dire, quand il s'agit de rechercher quelle a été la volonté du législateur. Si ce dernier a voulu écarter le mode de calcul *de momento ad momentum*, malgré les avantages qu'il pouvait présenter, l'interprète doit l'écarter à son tour sans tenir compte de cette raison qu'il conduit à des résultats plus simples.

On prétend, en seconde ligne, qu'il n'existe point de règle générale sur la supputation des délais. Un délai doit se compter par mois, par jours ou par heures, suivant la matière pour laquelle il est édicté. Certains articles font application de ce principe. Lorsque le législateur établit un délai, c'est la raison qui doit aider l'interprète à en déterminer le mode de calcul. Vous avez tort, par conséquent, nous dit-on, de vous appuyer sur l'article 2260 pour affirmer que la durée des grossesses se comptera par jours et non par heures. L'art. 2260 s'occupe uniquement des délais de prescription. Il édicte qu'ils se compteront par jours, cette proposition est absolument raisonnable. En effet, pour établir la prescription il faut se rapporter soit aux actes soit aux témoignages ; or, ni les actes ni les témoignages ne pourront faire connaître l'heure à la-

quelle elle a commencé : les actes, parce qu'ils sont
datés par jours sans indication de l'heure, les témoignages, parce que les délais de prescription sont trop
longs, pour qu'il soit possible au témoin de se rappe-
ler l'instant précis où le premier acte de prescription a
été accompli. En matière de grossesse, il en est bien
différemment. La raison commande que le délai se
compte par heures, car toutes les heures qui peuvent
former les différents points de départ sont déterminées.
L'acte de naissance indique la date où elle s'est produite. (art. 57. C. C.) L'acte de mariage indique la
date de sa célébration (art. 34.) Nulle disposition législative n'exige, il est vrai, que l'acte de décès indique l'heure à laquelle il est arrivé, mais en pratique
cette heure y est toujours mentionnée, à cause des graves conséquences que produit cet événement au point
de vue juridique. — D'autre part, il s'agit ici d'un
fait déterminé, la conception, qui ne peut se placer
qu'entre deux de ces heures dont on possède la connaissance parfaite, pourquoi donc prolonger le délai
de manière à faire tomber ce phénomène à un instant
où il est de toute évidence qu'il n'a pu se placer ?

Voilà l'argumentation de nos adversaires dans toute
sa force, tâchons d'y répondre.

153. — Sans vouloir chercher d'abord s'il existe ou
non une règle générale sur la supputation des délais,
on est forcément obligé de reconnaître le principe 'suivant. Quand la loi édicte un délai se composant d'années ou de mois, il est naturel, il est absolument logi-
gique de compter par années ou par mois [1]. S'il s'agit

---

[1] La jurisprudence est formelle en ce sens. Les délais de mois
se comptent de quantième à quantième et d'après le calendrier
Grégorien. Cass. 12 mars 1816, 17 février 1818, 21 juillet 1818.

au contraire d'un délai composé de jours ou d'heures on comptera par *jours civils* ou par heures à moins que la loi, après avoir indiqué le délai d'une manière, prescrive de le compter d'une autre. Il serait trop facile d'échapper aux prescriptions légales, s'il en était différemment, et de compter en jours, par exemple, des délais fixés en heures pour plus de précision. Dans notre hypothèse la loi exprime le délai en jours, elle veut donc qu'il soit compté par jours.

On objecte, il est vrai, que l'emploi du mot *jour* ne possède point une telle portée. Qui sait si le législateur n'a pas pris ce mot dans le sens de *période de vingt-quatre heures*, commençant, pour le cas de l'art. 315, par exemple, au moment précis où s'opère la dissolution du mariage? En admettant qu'il ait eu cette intention, il ne pouvait pas s'exprimer autrement qu'il l'a fait; il ne pouvait pas dire : « L'enfant né « sept mille deux cents heures après la dissolution du « mariage... » (Sir. 1857, *loc. cit.*). Cette façon de parler est barbare et n'est point permise par l'usage.

D'accord ; mais s'il n'eût pas employé cette expression, il pouvait en prendre une autre qui aurait rendu sa pensée. Il pouvait faire entendre, d'une manière quelconque, qu'il prenait le mot jour non point dans son sens ordinaire et légal, mais dans le sens de période de vingt-quatre heures. Malgré « *la* « *pauvreté de notre langue,* » selon les paroles de M. Le Gentil, s'il avait voulu le faire, les mots ne lui auraient pas manqué pour exprimer sa pensée.

L'art. 132 du Code de Commerce vient entièrement à l'appui de cette opinion. On ne doit s'écarter de cette règle, que lorsque la loi le dit expressément. — V. art. 2183 combiné avec l'art. 2169. — Code Pénal art. 40.

**154.** — D'ailleurs, nous prétendons qu'en règle générale, les délais doivent être comptés par jours, en ce sens, que le délai n'est accompli que par l'expiration du dernier des jours civils qu'il renferme. Le jour civil est l'unité légale et la plupart des délais légaux se trouvent indiqués en jours. Quand donc la loi ne s'exprime pas d'une manière prohibitive il faut calculer *de die ad diem.* L'art. 2260 n'est que l'expression du droit commun : la prescription est réglée par années, la loi voyant que l'expression employée par elle n'est pas assez précise, et pourrait laisser place à quelque difficulté, insiste, et proclame le principe général, pour faire cesser tous les doutes. De tout temps il en fut ainsi ; en droit romain, dans l'ancien droit, on comptait généralement par jours. Si le législateur avait voulu renverser cette règle universellement admise, il n'eût point manqué de s'en expliquer formellement.

C'est donc exceptionnellement, et quand une disposition impérative le prescrit, que l'on doit calculer par heures, *de momento ad momentum.* Cette disposition n'existe pas relativement aux délais fixés pour la durée des grossesses. Le système que nous venons d'exposer doit être rejeté. Tout au plus, peut-on manifester le regret de voir que le législateur ne l'ait point adopté, de manière à établir des points extrêmes mieux déterminés, et à prévenir ainsi les questions difficiles que nous avons eu à résoudre précédemment.

**155.** — Il nous reste à faire connaître l'état de la jurisprudence sur cette question du calcul des délais.

On a pu croire, pendant fort longtemps, que les tribunaux allaient adopter le système de computation *de momento ad momentum.* Il avait été consacré par un jugement du tribunal d'Arras en 1857 (Sir. 57, 2, 370), et deux arrêts de Cour d'Appel, (Sir. 65, 2, 270, Poitiers, Sir. 67, 2, 201, Angers.) Un pourvoi en cassation fut formé contre la décision de la Cour d'Angers. La Cour Suprême a pensé que le délai devait se compter de *die ad diem :* « que le mot jour quand il dé- « signe une division du temps, s'entend seulement de « l'intervalle de vingt-quatre heures, qui, compris en- « tre deux minuits se distingue par son nom dans la « semaine et par son quantième dans le mois ; *que* « *c'est une règle générale et constante* de déterminer, « par un nombre de jours ainsi définis, les délais qui se « composent d'un certain nombre de jours, etc. »

Cet arrêt du 8 février 1869 (Sir. 69, 1, 215), paraît avoir définitivement fixé la jurisprudence sur ce point. La Cour d'Orléans, en effet, n'a pas hésité, sur le renvoi de la cause, à adopter la doctrine de la Cour suprême, par arrêt du 3 juin 1869 (Sir. 69, 2, 194.)

156. — Mais nous savons qu'il existe dans le système du calcul *de die ad diem* différents modes de supputation. Quel est celui de la jurisprudence ? Si l'on en croit certains partisans de l'opinion la plus suivie, celle qui pose en principe absolu l'exclusion du *dies a quo*, sans tenir compte de la différence de rédaction entre les art. 314 et 315, la Cour de Cassation et les Cours d'appel se seraient ouvertement prononcées en faveur de leur système. Cette affirmation paraît inexacte. A notre connaissance, la Cour de Cassation ne s'est prononcée qu'une seule fois sur la question par l'arrêt du 8 février 1869. Or, il s'agit, dans cette espèce, de l'application de l'art. 315, de l'état d'un enfant né postérieurement à la dissolution du mariage.

L'exclusion du *dies a quo* est dans ce cas commandée par le texte lui-même, et nous sommes les premiers à ne pas le comprendre dans les trois-cents jours dont parle l'art. 315. Il s'agit de savoir si la Cour appliquerait le même principe dans le cas de l'art. 314 ; elle n'a jamais été appelée à trancher cette question.

L'arrêt de la Cour d'Appel d'Orléans, précédemment cité, ne la résout pas davantage ; il se borne à reproduire la théorie de la Cour Suprème sur le renvoi de la cause. M. Demolombe, il est vrai, (t. 5, p. 17) donne un arrêt de la Cour d'Appel de Grenoble du 21 décembre 1830. Cette décision ne paraît pas s'appliquer à l'espèce présente. Elle intervient sur une action en désaveu et ne tranche pas même implicitement le point de savoir quel devra être le mode de supputation à employer pour fixer la durée minima des grossesses. La vérité est donc que la jurisprudence ne s'est point encore prononcée.


## SECTION II

**Force de la présomption légale sur la durée des grossesses.**


157. — Après avoir déterminé d'une façon exacte la durée présumée des grossesses, il est nécessaire de voir si les données du législateur s'imposent absolument au juge, si, en d'autres termes, cette présomption peut être combattue par la preuve contraire.

Quand on se place dans la situation d'esprit où se trouvaient les rédacteurs du Code, au moment de sa confection, il semble que poser ainsi la question c'est la résoudre. Ils se rappelaient tous à quelles extrémités avait été poussé l'arbitraire de l'ancienne jurisprudence. Ils n'avaient point oublié ces arrêts que nous avons précédemment cités, et dans lesquels des solutions choquantes étaient parfois admises. Comment songer un instant qu'ils aient voulu ne point mettre fin à un tel ordre de choses, ne point fermer définitivement la porte à ces abus et à ces incertitudes.

Les discussions des différents projets démontrent péremptoirement que telle était leur pensée. Portalis, dans la séance du 14 brumaire an X, fatigué des difficultés qui se présentaient à chaque instant dans la rédaction de notre titre, voulut dire : « Le meilleur « moyen d'échapper à toutes ces difficultés, c'est « de s'en tenir au droit commun, d'établir la règle « *pater is est*, et d'abandonner le reste à la juris- « prudence. » Tronchet répliquait aussitôt : « qu'aban- « donner la décision de ces sortes de procès à l'arbi- « traire des tribunaux, c'est donner lieu aux jugements « de pure faveur : il faut donc une règle ; or, comme « l'opinion commune des naturalistes a été adoptée par « la jurisprudence, il n'y a pas d'inconvenient à l'éri- « ger en loi. »

158. — L'avis des auteurs des exposés des motifs est en général le même, sauf une exception que nous allons voir bientôt. Bigot-Préameneu, parlant de l'arbitraire qui régnait forcément autrefois, s'écriait : « Il « fallait sortir d'un pareil état. Ce n'était pas une vé- « rité absolue que les rédacteurs de la loi avaient à dé- « couvrir ; il leur suffisait de donner aux juges une « règle qui fixât leur incertitude. » Or, n'aurait-il pas été puéril, en posant un principe aussi important et

d'une nécessité reconnue, de permettre au juge de s'en écarter à son bon vouloir ? Il est évidemment impossible d'admettre que le législateur ait concédé la faculté de renverser une présomption légale, établie après une étude aussi sérieuse, et l'examen le plus complet de l'état de la science sur la matière.

D'ailleurs, un raisonnement purement juridique nous conduit à la même solution. La présomption sur la durée des grossesses est certainement une des présomptions visées par l'art. 1352 du Code Civil. Elle a pour but de déterminer la date de la conception de l'enfant et, par suite, de fixer définitivement son état, en déniant l'action en justice à toute personne qui voudrait l'attaquer. Il faudrait donc que le texte eût expressément réservé la preuve contraire pour que nous pussions l'admettre.

159. — Ce principe n'est pas douteux, en ce qui concerne le délai présumé des plus courtes grossesses, Art. 314 : « L'enfant né avant le cent-quatre-ving-
« tième jour du mariage, ne pourra être désavoué par
« le mari, dans les cas suivants : 1° s'il a eu connais-
« sance de la grossesse avant le mariage ; 2° s'il a as-
« sisté à l'acte de naissance, et si cet acte est signé de
« lui, ou contient sa déclaration qu'il ne sait signer ;
« 3° si l'enfant n'est pas né viable. » Ce texte ne permet aucun moyen pour combatre le désaveu, il n'édicte que des fins de non-recevoir contre cette action. Le juge ne reçoit aucune latitude, aucun pouvoir d'appréciation. Il n'y a pas de milieu ; si tels ou tels faits se sont produits, impossible d'intenter une action ; si ces circonstances ne se rencontrent point, impossible de rejeter l'action valablement intentée. L'enfant ne saurait être autorisé à prouver que la gestation a été

moindre de cent-quatre-vingts jours. De même, si la naissance est postérieure au cent-quatre-vingtième jour du mariage, le mari ne saurait être admis à prétendre et à prouver que la conception remonte en réalité à une époque antérieure à la célébration.

160. — Relativement à l'art. 312, aucune hésitation n'est possible. Le mari, pour pouvoir désavouer un enfant conçu pendant le mariage, doit établir la persistance de l'impossibilité de cohabitation durant la période de conception toute entière. Il serait donc inadmissible à prétendre que la grossesse n'a en réalité duré que neuf mois, et à offrir de prouver l'impossibilité de cohabitation seulement à partir du neuvième mois avant la naissance de l'enfant. Le texte est formel. La modification apportée par le Tribunat qui faisait disparaître comme trop vagues les mots : « au « moment de la conception [1], » ne laisse aucun doute sur ce point.

161. — La question n'a été sérieusement discutée que dans l'hypothèse de l'art. 315 : « La légitimité de « l'enfant né trois cents jours après la dissolution du « mariage *pourra* être *contestée*. » Plusieurs auteurs ont permis de combattre par la preuve contraire la présomption relative à la durée des plus longues grossesses ; l'enfant pourrait, d'après eux, répondre à la contestation de légitimité que sa gestation s'est prolongée au-delà de trois-cent-un jours. En conséquence, le juge conserverait un pouvoir d'appréciation, le moyen ne serait pas péremptoire.

Les partisans de ce système argumentent d'abord du texte de notre article. Le mot *pourra*, dont il se

----

[1] V. supra n° 144.

sert, paraît bien laisser au juge une certaine liberté. D'autre part, l'expression *contester* ne préjuge pas le résultat du procès. Elle indique seulement le choc de deux prétentions contraires, qui s'opposeront l'une à l'autre ; au tribunal incombera le devoir de déclarer qui doit l'emporter, du demandeur ou du défendeur à la contestation.

Cette argumentation basée sur le texte, se trouve corroborée par un passage du discours prononcé par le tribun Lahary, lors de la communication officielle au Tribunat : « Le mot pourra qui est purement facul- « tatif, décèle le motif de cette prévoyante disposition. « L'article veut que la légitimité de l'enfant puisse être « contestée, *mais il veut qu'elle puisse triompher de* « *toutes les attaques qui ne seraient pas fondées.* »

162. — D'ailleurs, ajoute-t-on, il existe des motifs pour permettre d'attaquer la présomption dans le cas de l'art. 315, alors que l'on n'accorde point la même faculté dans l'hypothèse prévue par l'art. 312. Quand il s'agit de l'enfant conçu pendant le mariage, c'est le mari lui-même qui doit contester sa légitimité. Le législateur a pensé qu'il présentait toutes les garanties. S'il éprouve un doute sur sa paternité, il se gardera de rejeter hors de sa famille un enfant qui peut être issu de lui, et qu'il réduirait à la triste condition d'adultérinité [1].

Quand, au contraire, on se reporte à l'espèce prévue par l'art. 315, la situation est essentiellement différente. Nous trouvons un enfant né après la dissolution du mariage, c'est-à-dire, après la mort du mari. Il reste en présence de collatéraux qui possèdent un

_______

[1] Demol. t. 5, n° 86.

intérêt pécuniaire flagrant à faire déclarer son illégitimité. L'amour, les sentiments de celui qui peut être le père ne sont pas là pour arrêter la poursuite. La voix du sang ne parle plus, une question de succession se trouve seule en jeu. Dans de pareilles conditions, les héritiers présomptifs du mari n'hésiteront jamais à contester l'état du posthume. On comprend pourquoi le législateur le protège, et lui réserve le droit de prouver que sa conception est antérieure à la dissolution du mariage, bien que sa naissance lui soit postérieure de plus de trois cents jours. Telles sont les fortes raisons développées par un certain nombre d'auteurs : Merlin, Favard, Demante, et approuvées par un arrêt de la Cour de Limoges du 18 juin 1840. (Sir. 40, 2, 709.)

163. — Elles ne nous ont point convaincu. Nous croyons que dans l'hypothèse de l'art. 315, la présomption sur la durée de la grossesse est inattaquable, aussi bien que dans les cas prévus par les art. 312 et 314. Le juge ne possède aucun pouvoir d'appréciation. S'il acquiert la certitude que la naissance de l'enfant est postérieure au délai fixé par l'art. 315, il doit prononcer l'illégitimité. Répondons aux arguments de nos adversaires.

Ils ont invoqué le texte en première ligne. Le mot *pourra* indiquerait que la solution est facultative de la part du juge. C'est au moins douteux dès maintenant. La faculté impliquée par ce mot *pourra* n'est point celle qu'on vient d'énoncer, c'est celle, de la part des héritiers du mari, de contester ou de ne pas contester la légitimité de l'enfant. C'est bien là, en effet, le véritable sens de la loi. Ce qui le prouve, c'est précisément la répétition du même mot dans chacun des deux autres articles où la présomption sur la durée des grossesses est édictée, art. 314 « l'enfant... ne *pourra* être désavoué si..... » c'est-à-dire qu'il *pourra* l'être quand il n'existera pas de fin de non-recevoir opposable au mari. Art. 312 «... néanmoins celui-ci *pourra* désavouer l'enfant si..... » Il est certain, nous l'avons déjà démontré, que dans ces deux articles le désaveu est péremptoire. L'expression « *pourra* » ne réserve donc pas au juge la faculté d'appréciation que nous lui refusons[1]. Quant au mot *contester*, il ne saurait fournir une raison suffisante au système adverse. Le législateur n'a voulu prévoir que le fait même de l'attaque dont l'enfant pouvait être l'objet, et non la solution du procès. C'est ainsi que le désaveu, dans les cas où il est péremptoire, est souvent appelé, par les jurisconsultes, une action en *contestation* de légitimité. Voilà donc l'argument de texte écarté.

164. — La raison tirée des travaux préparatoires est au premier abord plus sérieuse. Le tribun Lahary dit formellement dans son discours que la présomption de l'art. 315 peut souffrir la preuve contraire. Ainsi, à l'en croire, on aurait lu les nombreux mémoires écrits à la fin du dernier siècle sur les naissances tardives, on aurait recherché, dans les séances des différentes commissions législatives, les meilleurs moyens pour faire disparaître l'arbitraire de l'ancienne jurisprudence, on aurait consulté la science par l'intermédiaire de Fourcroy qui rédigea une étude complète et approfondie de la matière, tout cela, pour arriver à quel résultat ? à ne rien changer aux errements et aux

---

[1] M. Demante a compris la force de cet argument. Pour être logique, il est allé jusqu'à dire qu'il n'existe pas de désaveu péremptoire. Personne n'a osé le suivre aussi loin.

incertitudes du passé ! On se serait contenté de poser pour la forme un principe purement platonique, et l'on aurait permis au juge de le fouler aux pieds toutes les fois qu'il croirait bon de le faire ! Il faut avouer que ce résultat serait singulier, et que l'on pourrait alors répondre au législateur qu'il n'était guère la peine d'aborder et de creuser tant d'importantes questions pour ne rien changer aux théories anciennes.

Heureusement, il ne mérite pas ce reproche. Lahary, en voulant analyser le projet soumis au Tribunat, a commis une erreur certaine. On ne saurait se servir de son exposé des motifs pour combattre notre système. La suite du passage qu'ont cité nos adversaires va nous apprendre combien il faut se défier des opinions de son auteur. Voici ce qu'ajoute le tribun aux mots : la loi veut que la légitimité de l'enfant puisse triompher de toutes les attaques qui ne seraient pas fondées, « et vraiment il est des cas où elles pourraient « ne pas l'être. *Tel serait celui où l'enfant prouverait* « *que son père divorcé se serait rapproché de sa mère* « *postérieurement à la dissolution du mariage.* » Il faudrait, si l'on veut en croire Lahary, admettre que l'enfant né dans cette dernière hypothèse serait légitime. C'est complétement insoutenable, puisqu'il est constant qu'il serait conçu et né depuis la dissolution.

D'ailleurs, Duveyrier a fait raison de la théorie de son collègue. Il justifie entièrement notre manière de voir. Il indique nettement le sens du mot pourra employé dans l'art. 315 : « Pourquoi cet enfant n'est-il « pas de plein droit illégitime et mis au nombre des en-« fants naturels ? Parce que tout intérêt particulier ne « peut être combattu que par un intérêt contraire. La loi « n'est point appelée à réformer ce qu'elle ignore ; et si

« l'enfant *n'est point attaqué* il reste à l'abri du silence
« que personne n'est intéressé à rompre. » Nul doute,
après ces paroles, que le juge saisi de la contestation ne
doive nécessairement prononcer l'illégitimité de l'enfant.

165. — Vainement, les partisans du système que
nous combattons se retranchent-ils derrière leur argument de raison. Celui-ci ne possède pas une plus
grande solidité que les précédents. C'est à cause de la
qualité du demandeur à l'action, de l'intérêt exclusivement pécuniaire qui l'inspire, que la présomption sur
la durée des grossesses pourrait être combattue dans
le cas de l'art. 315. Ce motif est insuffisant, car sous le
Code Civil l'action en contestation de légitimité n'était
pas toujours exercée par les héritiers du mari. L'enfant, né trois cents jours après la dissolution du mariage par le divorce, tombait également sous le coup
de l'art. 315. Or, dans cette hypothèse, le droit d'agir,
appartenait incontestablement au mari divorcé. Il aurait fallu, si la théorie sur laquelle nos contradicteurs
font reposer l'art. 315 avait été celle du législateur,
qu'il fît une distinction pour le cas que nous venons
d'énoncer. Cette distinction n'existe nulle part [1].

D'ailleurs, dans l'hypothèse de l'art. 312, il peut
arriver souvent que le désaveu pour cause d'impossibilité de cohabitation soit intenté par les héritiers du
mari. Aux termes de l'art. 317, ces héritiers succèdent
à l'action lorsque le délai pour l'exercer n'est point
encore expiré au moment de la mort de leur auteur.

---

[1] Ce qui était vrai sous le Code Civil avant 1816 va le redevenir.
En effet, le divorce vient d'être rétabli par un vote des Chambres
législatives. L'abrogation de la loi du 8 mai 1816 sere incessam-
ment promulguée.

Il serait impossible de soutenir que, dans ce cas, le désaveu change de nature  et  cesse d'être péremptoire
comme il l'était auparavant. Si la loi avait voulu autoriser à combattre la présomption sur la durée des grossesses, quand la contestation de légitimité  émanerait
des héritiers du mari, il aurait fallu qu'elle s'en expli-
quât encore formellement dans l'art. 317. Elle ne l'a
pas fait, parce que telle n'était pas la manière de voir
du législateur. Les rédacteurs du Code ont senti la nécessité de fixer une règle absolue et la même dans tous
les cas, de manière à prévenir les abus de l'ancien régime. Ils ont, pour ce motif, établi une  présomption
*juris et de jure* ; c'était le seul moyen à employer.

Ainsi tombe complétement le système que nous venons de réfuter.

166. — L'opinion que nous avons adoptée a été enseignée par la majorité des jurisconsultes. Voyez notamment : Valette sur Proudhon, t. 2, p. 41 à 46 ; Duranton, t. 3, 56 à 59 ; Duvergier et Toullier t. 2,  n°
828, 829 et la note ; Marcadé, sur l'art. 315 ;  Demolombe, t. 5, n° 85 et 86 ; Aubry et Rau, § 545, note 30.
La jurisprudence l'a consacrée par plusieurs décisions : Grenoble, 12 avril 1807, Sir, 9, 2,  288 ; Aix,
8 janvier 1812, Sir, 12, 2, 214 ; tribunal de Bourga-
neuf, 31 août 1839, D. A. V° paternité, n° 86[1]. Ce ju-

---

[1] Dans cette dernière espèce il s'agissait d'un  enfant né trois
cent deux jours après la  mort du mari. La femme prétendait
avoir éprouvé les  premières douleurs et des symptômes précur-
seurs de l'accouchement six jours auparavant. Elle concluait à
la légitimité de l'enfant, par la raison que la grossesse devait
être considérée comme terminée, dès l'apparition de ces symptômes. Néanmoins, le tribunal rejeta sa prétention en se fondant
sur l'obligation imposée au juge par l'art. 315 de prononcer l'illégitimité de l'enfant né trois cents jours après la dissolution du

gement fut déféré à la Cour d'appel de Limoges. La Cour, sans modifier la solution des premiers juges, réforma les motifs de leur sentence. Elle admit par son arrêt du 18 juin 1840 (D. A. V° Paternité, n° 86) le système que nous avons réfuté. C'est, à notre connaissance, la seule décision judiciaire en ce sens.

mariage. Il faut ajouter que les circonstances du fait commandaient impérieusement cette solution ; le mari était resté très-gravement malade durant le dernier mois de sa vie.

Nous approuvons cette sentence et nous ne croyons pas nous mettre en contradiction avec l'opinion énoncée à la note sous le n° 138. Autre chose est un phénomène faisant prévoir la proximité de l'accouchement, autre chose est le travail de l'accouchement lui-même. Quand ce travail a commencé dans les trois cents jours, quoique l'enfant ne sorte du sein maternel que quelques heures après leur expiration, nous pensons qu'on doit le déclarer légitime. Quelques considérants du jugement que nous analysons sont contraires à cette manière de voir. Mais il est à croire, que les circonstances de fait, très-défavorables à la mère, ont dû agir sur l'esprit des juges, et leur faire trancher, assez facilement, un point de droit qui les eût peut-être arrêtés dans une espèce différente. D'ailleurs, nous reconnaissons que la question est fort délicate et peut très-sérieusement se discuter.

# CHAPITRE II

FORCE DE LA PRÉSOMPTION DE PATERNITÉ RELATIVE-
MENT AUX ENFANTS CONÇUS PENDANT LE MARIAGE

## SOMMAIRE

167. — Principes sur la force de cette présomption.

168. — Remarque sur la durée pendant laquelle doivent persister les causes de désaveu.

*Section I<sup>re</sup>. — Impossibilité physique de cohabitation.*

169. — *Eloignement du mari.* Caractère qu'il doit réunir pour permettre le désaveu.

170. — Exemples puisés dans la jurisprudence.

171. — Suite.

172. — Le mari resté en prison ou interné dans un établissement d'aliénés pourrait, selon les cas, désavouer l'enfant né de sa femme.

173. — Quid s'il avait été prisonnier de guerre ?

174. — *Impuissance du mari.* Distinction entre diverses sortes d'impuissance.

175. — L'impuissance naturelle ne peut être invoquée en aucun cas.

### Section II. — *Impossibilité morale de cohabitation.*

*Section III. — Conflit entre la présomption* pater is est *et d'autres présomptions légales.*

167. — Dans le chapitre précédent nous avons déterminé quels sont les enfants conçus pendant le mariage. C'est à ceux-là que s'applique dans toute sa plénitude la présomption *pater is est* posée dans la première partie de l'art. 312. Cette présomption, à la différence de celle que nous venons d'étudier, admet la preuve contraire ; elle est *juris tantum* selon l'expression des jurisconsultes. Néanmoins, il ne serait pas possible de l'attaquer pour un motif quelconque. La loi énumère limitativement ceux qui permettront de la renverser. L'action tendant à ce résultat s'appelle le désaveu de paternité. Nous allons rechercher dans quels cas elle sera fondée.

Le désaveu ne peut être prononcé que pour deux causes, l'impossibilité physique et l'impossibilité morale de cohabitation entre les époux. Mais il ne faudrait point entendre ces deux formules dans un sens trop large. Le législateur précise rigoureusement les causes rentrant sous ces deux rubriques. Nous allons les parcourir ; ce chapitre formera le commentaire des art. 312 (2e alinéa) et 313 du Code Civil [1].

168. — Mais il faut auparavant faire une observation très-importante. L'impossibilité physique ou morale de cohabitation exigée pour opérer le renversement de la présomption *pater is est*, doit avoir persisté pendant la période de conception toute entière.

N'oublions pas que nous avons déjà délimité cette période au moyen des art. 314 et 315. L'art. 312 (2e

---

[1] Nous laissons en dehors de cette étude les questions relatives à la forme et à la procédure du désaveu, aux personnes qui peuvent l'intenter, et au délai pendant lequel elles sont recevables à le faire. Ces différents points sortent de notre cadre qui comprend seulement la règle et les exceptions qu'elle souffre.

alinéa) lui assigne une durée de cent-vingt-un jours,
nous savons que c'est par erreur, et que l'expression
a trahi la pensée du législateur (V. *supra*, n°'140 et s.).
Il faudra rétablir le véritable chiffre de cent-vingt-deux
jours, et exiger que la cohabitation ait été impossible
pendant leur durée entière. Cela résulte nécessairement du système que nous avons adopté sur le calcul
des délais. Les auteurs qui ont enseigné cette opinion
n'ont pas cru devoir en tirer cette conséquence extrême. Cela s'explique parce qu'ils n'ont pas cherché la
solution de la difficulté dans les travaux préparatoires.
Nous croyons avoir démontré dans le chapitre précédent, que le législateur a édicté après coup les chiffres
de l'art. 312 avec l'intention de reproduire exactement
ceux qui étaient déjà fixés par les art. 314 et 315. Il
faut absolument tenir compte de cette intention. Ne
nous effrayons pas outre mesure d'arriver à contredire
ouvertement l'art. 312. Il n'existe pas un seul système
sur le calcul des délais qui ne soit en contradiction
avec l'un des trois articles qui les déterminent. Ce
n'est pas la faute des interprètes, c'est celle des textes
qui sont eux-mêmes contradictoires.

Il est donc bien entendu, que toutes les fois que
nous parlerons de la période de conception, il s'agira
des cent-vingt-deux jours séparant le trois-cent-unième
du cent-quatre-vingtième jour avant et y compris celui
de la naissance de l'enfant.

## SECTION I

### Impossibilité physique de cohabitation.

169. — *Eloignement*. Tel est le premier cas d'impossibilité physique de cohabitation. Les jurisconsultes du dernier siècle comprenaient par ce mot l'absence du mari. C'est évidemment dans ce sens que l'entend le Code. Il permet au mari de désavouer l'enfant né de sa femme, s'il prouve qu'il était absent pendant toute la durée de la période de conception.

Il est évident, que dans ce cas, la présomption *pater is est* doit tomber, puisqu'elle aboutirait à un résultat manifestement impossible. Mais, quelle doit être la nature de cette absence? La distance qui aura séparé les deux époux doit-elle être prise en grande considération? Aux derniers temps de l'ancien droit, il en était ainsi. Mais aujourd'hui, les communications sont devenues très-rapides; la réunion des époux peut avoir lieu, alors même qu'ils seraient séparés par une distance qui aurait paru largement suffisante autrefois. Dans cent-vingt-deux jours, on peut parcourir un immense trajet; les époux pourraient se réunir d'un bout du monde à l'autre, en admettant, comme le suppose M. Demolombe, qu'ils aient fait chacun la moitié du chemin. C'est donc plutôt aux circonstances qui accompagnent l'absence du mari qu'il faut avoir égard. Les tribunaux possèdent d'ailleurs un droit d'appréciation sur ce point.

Ils pourront admettre ou rejeter l'action en désaveu

suivant les faits de la cause. Le législateur exige seulement, que les caractères de l'absence du mari ne laissent aux juges aucun doute sur le point de savoir si la réunion a été possible entre les époux.

170. — Ces principes ont été appliqués par un arrêt de la Cour d'Alger du 12 novembre 1866. (D. P. 67, 2, 126.) Dans l'espèce soumise à la Cour, le mari était à Alger pendant que la femme résidait à Paris. Il est certain que la distance entre ces deux villes est aujourd'hui minime, eu égard au temps que l'on met à la franchir ; quatre ou cinq journées suffisent. Mais, de la correspondance des époux, résultait la preuve de la cessation complète de toute cohabitation entre eux. La Cour admit le désaveu, en se fondant sur le droit d'appréciation laissé aux juges. Ce droit est souverain pour les juges du fait ; la Cour de Cassation n'aurait pas compétence à l'effet de rechercher si les caractères de l'éloignement du mari ont été sainement appréciés. Ainsi jugé par un arrêt de Cassation du 25 janvier 1831, (Sir. 31, 1, 81). Comparez encore sur ces divers points : Bourges, 6 juillet 1868, Sir. 69, 2, 44 ; Lyon, 21 janvier 1881, Sir. 81, 2, 183 ; Cour de Cassation de Florence, 9 décembre 1881, Sir. 82, 4, 26.

171. — Mais il ne faudrait pas aller, comme l'a fait la Cour de Montpellier par arrêt du 24 décembre 1857, (Sir. 59, 2, 524), jusqu'à soutenir que des faits d'impossibilité morale peuvent s'élever au niveau d'un obstacle matériel, et permettre le désaveu. Ce serait absolument contraire à la pensée du législateur. Le principe dominant est que le doute doit s'interpréter en faveur de l'enfant. S'il existe une simple possibilité matérielle de cohabitation pendant la période de concep-

tion, il faut rejeter l'action en désaveu. Cette idée a inspiré un arrêt de la Cour de Grenoble en date du 21 décembre 1830 (D. A. V° Paternité, n° 31), qu'il est intéressant de signaler.

Avant la loi de 1816, le divorce avait été prononcé contre une femme pour cause d'adultère. L'adultère avait été prouvé par ce fait que la femme avait mis au monde un enfant, alors que le mari était resté éloigné d'elle pendant la période de conception. Une action en désaveu fut plus tard intentée contre cet enfant. La Cour n'admit pas le désaveu, malgré l'autorité du jugement qui avait prononcé le divorce[1].

172. — Si le mari était resté en prison pendant la durée des cent-vingt-deux jours, que décider? Les mêmes principes nous permettront de répondre. L'emprisonnement ne suffirait pas à lui seul.

Il faut que le juge puisse affirmer, d'après les circonstances qui l'ont accompagné, qu'il y a eu impossibilité absolue de cohabitation. Il en est de même, pour la détention dans un établissement d'aliénés. S'il existe un doute, soit sur la fidélité des gardiens qui auraient pu ménager des entrevues aux deux conjoints, soit sur le point de savoir si la femme a visité son mari, ou sur la nature de ces visites, le désaveu devra être écarté.

On pourrait à première vue objecter que la détention du mari ne rentre pas sous le mot *éloignement* dont se sert la loi. Rien de moins fondé que cette objection. Nous savons que par cette expression le législateur a voulu entendre l'absence. Les travaux prépa-

---

[1] Il est évident qu'on ne pouvait invoquer dans l'espèce la présomption sur l'autorité de la chose jugée. Il n'y avait pas identité de parties.

ratoires s'en expliquent formellement relativement à l'hypothèse qui nous occupe. Le tribun Duveyrier s'exprimait ainsi dans son rapport au corps législatif : « On « a demandé si la prison qui séparerait les deux époux « pourrait être assimilée à l'absence! Il est clair que « c'est l'absence elle-même, pourvu que la séparation « ait été tellement exacte et continuelle qu'au temps « de la conception la réunion d'un seul instant fut phy-« siquement impossible. »

Ces principes ont été appliqués par plusieurs décisions de jurisprudence : Toulouse, 28 juillet 1808 ; Paris, 5 mars 1853[1] (Sir. 8, 2, 317 — 54, 2, 122.)

173. — La question s'est présentée plus délicate au cas de captivité de guerre. Dans une espèce soumise à la Cour de Paris, la femme avait accouché dans cette ville, tandis que son mari était resté comme prisonnier de guerre en Espagne pendant toute la période de conception. Il fut jugé par arrêt du 19 juin 1826 (D. A. V° Paternité, 34), que l'action en désaveu n'était pas fondée. Même solution avait été donnée par la Cour de Rouen, le 6 juin 1820 (D.A. V° Paternité, 104). Ces décisions peuvent surprendre au premier abord, mais elles s'expliquent vite. La femme en pareille hypothèse a toute possibilité de se rendre auprès de son mari. L'obstacle matériel fait défaut la plupart du temps et un doute persistant dans l'esprit du juge l'oblige à rejeter le désaveu. La situation est la même au cas d'absence pour cause de service ou d'expédition mili-

---

[1] L'espèce de ce second arrêt est à remarquer. Il était constant que le mari avait été extrait de prison et était rentré au domicile conjugal. Néanmoins, le désaveu fut admis, car on put démontrer qu'une escorte l'avait conduit, surveillé, et ramené en prison.

taire. L'impossibilité physique de cohabitation n'en résulte pas nécessairement.

En résumé, d'après tout ce que nous venons d'exposer, l'absence du mari ne peut motiver le désaveu, que lorsqu'il ne reste aucune incertitude, aucun doute sur le point de savoir si la cohabitation a pu s'effectuer pendant les cent-vingt-deux jours de la période de conception.

174. — *Impuissance*. Le code distingue entre l'impuissance naturelle et l'impuissance accidentelle. Le sens de ces mots a besoin d'être précisé. Les rédacteurs ont entendu par impuissance naturelle celle qui résulte de la faiblesse de l'organisme ou du tempérament, qui par conséquent ne se manifeste point aux yeux par une conformation vicieuse. C'est l'impuissance latente. L'impuissance accidentelle, au contraire, est celle qui est apparente ; elle résulte par exemple d'un accident, d'une mutilation des organes. C'est à ce type que se réfèrent les travaux préparatoires. Ainsi, Malleville disait : « il est une espèce d'impuissance « accidentelle qui peut être survenue, soit dans les « combats, soit pour toute autre cause. » Dans plusieurs autres passages, la même idée est exprimée par les législateurs. Aucun doute ne paraît devoir s'élever sur le sens de ces expressions.

175. — L'impuissance naturelle ou latente ne saurait jamais permettre le désaveu.

L'art. 313 dit formellement : « Le mari ne pourra « en alléguant son impuissance naturelle désavouer « l'enfant. » Nous connaissons les motifs de cette décision. Elle est fondée sur l'impossibilité où se trouve la science de constater l'impuissance d'une manière certaine. Elle repose, en outre et surtout, sur le scan-

dale que la preuve de cette infirmité occasionnerait
et avait occasionné déjà à l'époque où elle était permise. Aussi, les rédacteurs du Code n'ont éprouvé
aucune hésitation poür la bannir définitivement. Leur
opinion est clairement démontrée par les travaux préparatoires. Il fut question d'attacher une certaine importance à l'impuissance naturelle. Dans la seconde rédaction, l'art 1ᵉʳ du projet était conçu en ces termes :
« le mari ne pourra désavouer l'enfant, soit en exci-
« pant d'adultère de la part de sa femme, *soit en allé-*
« *guant son impuissance naturelle;* à moins que la
« naissance de l'enfant ne lui ait été cachée, auquel
« cas il sera admis à proposer tous les faits propres à
justifier qu'il n'en est pas le père. » Dans le projet définitif, les mots « soit en alléguant son impuissance
naturelle » ont disparu. C'est le Tribunat qui réclama
cette suppression, et cela par les motifs que nous avons
fait valoir plus haut. On voulut ne jamais entendre
alléguer en justice l'impuissance naturelle, même au
cas où elle serait accompagnée de circonstances assez
graves pour permettre de présumer la non-paternité du
mari. C'est ainsi que nous lui défendrons de l'invoquer,
dans l'hypothèse où l'adultère de la femme et le recel de la naissance de l'enfant lui donnent le droit d'alléguer toute sorte de faits propres à justifier qu'il
n'est point le père. En donnant cette solution, nous
restons entièrement conformes à la volonté du législateur. La modification que l'on a fait éprouver à l'art.
313 durant la rédaction, garantit d'une manière complète l'exactitude de l'idée que nous venons d'exprimer [1].

---

[1] V. Aubry et Rau §. 545 note 66. — Demol. t. 5, n° 34.

176. — Quant à l'impuissance accidentelle, le Code fournit une solution différente. L'art. 312-2° en fait une cause de désaveu. Si, par suite d'une blessure, d'une mutilation apparente, le mari n'a pu cohabiter avec sa femme pendant toute la période de conception, il lui sera permis de demander pour ce fait le renversement de la présomption de paternité. Il faut évidemment que son état ne laisse aucun doute sur l'impossibilité de cohabitation. S'il restait quelque incertitude, la question devrait être tranchée en faveur de la légitimité d'après le principe général. Cette solution paraît certaine.

177. — Mais, question délicate : peut-on faire rentrer dans le mot *accident*, employé par l'article 312, une maladie interne survenue au mari ? Il est difficile de répondre. La raison suggèrerait l'affirmative. Si le mari est resté paralysé, par exemple, pendant la période de conception entière, si durant le même temps il s'est trouvé suspendu entre la vie et la mort, ou dans un état de faiblesse telle que la cohabitation peut être présumée impossible, comment lui refuser de désavouer l'enfant pour ce motif, en vertu de notre article ! Cet argument est puissamment corroboré par une phrase de Duveyrier dans son exposé des motifs. « Il serait déraisonnable, « disait ce tribun, de vouloir détailler les espèces, les « cas, *les accidents* qui peuvent produire l'impossi- « bilité physique, soit qu'il s'agisse d'une blessure, « d'une mutilation, *d'une maladie grave et longue.* » (V. Fenet, t. 10, p. 213).

178. — Il est surtout un cas où cette solution paraît devoir s'imposer. Supposons que la femme accouche, deux-cent-quatre-vingts jours, par exemple,

après la dissolution du mariage. Il peut être démontré que le mari est resté pendant un ou plusieurs mois à lutter contre une maladie grave à laquelle il a fini par succomber. Ne doit-on pas, alors, admettre l'impossibilité de cohabitation pendant la fraction de la période de conception qui se place dans le mariage, et cela par suite de la gravité de l'état du mari ? M. Demolombe fait ressortir le danger qu'il y aurait à rejeter cette solution. La femme se voit sur le point de devenir veuve ; elle n'a pas d'enfants. Les biens de son mari vont passer à des collatéraux. Il se pourrait qu'elle cédât à l'affreuse pensée de chercher dans l'adultère un enfant qui lui assurerait la jouissance de la fortune de son conjoint !

179. — Ces arguments ont une valeur incontestable. En législation, ils ne laisseraient presque aucun doute ; néanmoins, ils ne suffisent pas à nous convaincre, au point de vue simplement interprétatif. Il résulte, en effet, de plusieurs passages des travaux préparatoires, que les législateurs ont rédigé l'art. 312 avec une intention absolument contraire à cette manière de voir. Nous avons déjà cité un texte démontrant que le mot accident correspondait dans leur pensée à une mutilation externe. (Supra, n° 174). Dans la discussion du Conseil d'Etat, le premier Consul s'exprimait encore ainsi : « Quel médecin pourrait « dire quelle est la maladie qui rend impuissant et as- « surer qu'il ne reste pas un germe de puissance ? » Il concluait par analogie de motifs au rejet de l'impuissance naturelle et de l'impuissance résultant d'une maladie, comme causes de désaveu. Tronchet ajoutait : « A l'égard de la cause d'impuissance, l'esprit du « projet est de l'anéantir.... *à plus forte raison, ne*

« *doit-on pas avoir égard à l'exception tirée de la ma-*
« *ladie du mari ;* une telle exception serait d'ailleurs
« démentie par les exemples. »

Dans la séance du 12 frimaire, an X, plusieurs membres proposèrent de modifier les mots, impuissance
accidentelle qui ne présentaient point une clarté suffisante. Tronchet répondit en ces termes : « quand on
« se servirait des mots *impuissance survenue*, on  ne
« serait pas dispensé d'employer le  mot  accidentelle,
« parce que la loi doit s'expliquer de manière à  faire
« comprendre qu'elle veut  parler  d'une  impuissance
« *évidente et matérielle et non  de celle  qui pourrait*
« *être la suite d'une maladie.* »

180. — Inutile  de  prolonger  les  citations ;  nous
pourrions produire d'autres textes, mais l'opinion des
législateurs nous paraît suffisamment démontrée  sur
ce point. Le tribun Duveyrier a pu exprimer un sen-
timent contraire, il ne saurait avoir que la valeur d'une
opinion personnelle, étant données les  circonstances
dans lesquelles il fut émis. Ce n'est point,  en  effet,
pendant la discussion ou la rédaction, c'est lorsque  le
dernier projet  définitivement rédigé était soumis  au
Corps Législatif, que cette phrase fut prononcée. Duveyrier présentait un  commentaire du  projet à  cette
assemblée, son commentaire était inexact sur ce point.
Quant au  danger  signalé  par  M.  Demolombe,  nous
reconnaissons qu'il peut exister ; mais, c'est au législateur et non  à l'interprète de le prévenir.

Concluons, en conséquence,  que  l'impuissance résultant d'une maladie interne, ne saurait être invoquée
comme cause de désaveu, et rentrer dans  les  termes
de l'art. 312.

181. — Une autre  difficulté  s'élève relativement à

l'impuissance accidéntelle. L'*accident* dont parle l'art. 312, doit-il être postérieur au mariage? En d'autres termes, l'impuissance apparente du mari, antérieure à la célébration du mariage, peut-elle lui permettre de désavouer l'enfant né de sa femme? Si l'on consulte l'art. 312, il semble bien que le législateur avait en vue un accident postérieur au mariage, car il est mis sur le même pied que l'éloignement cité par cet article. De plus, on ne concevrait guère que la loi permette à un homme qui a odieusement trompé sa future épouse, qui a contracté des obligations qu'il savait pertinemment ne pouvoir remplir, de venir alléguer en justice sa propre turpitude, et de déshonorer une femme dont l'adultère aura été souvent la conséquence de la faute par lui commise.

182. — Cette solution est entièrement confirmée par les travaux préparatoires. D'une part, dans la séance du 14 brumaire, an X, Malleville citait la loi *filium* au digeste (liv. I, tit. 6), et disait relativement au mot *infirmitate* : « Il est une espèce d'impuissance « accidentelle *qui peut être survenue depuis le mariage*, « soit dans les combats, soit pour toute autre cause.... « il ne faudrait pas écarter par une règle absolue, les « exceptions qu'elle peut produire. »

D'autre part, le premier Consul s'écriait dans la même séance : « On conçoit, à la vérité, qu'une femme « ait pu être admise à faire valoir l'impuissance de « son mari, *mais il est inoui qu'on ait admis le mari à* « *faire valoir sa propre impuissance pour contester* « *l'état de l'enfant!* » Portalis ajoutait, renchérissant sur la même idée : « Il est difficile de supposer qu'un « individu mutilé ose présenter à la société le simula- « cre d'un mariage et vienne ensuite alléguer son im-

« puissance pour désavouer ses enfants. Mais s'il se
« le permettait, l'enfant n'en profiterait pas moins du
« contrat de mariage, parce que ce contrat ne laisse-
« rait pas de subsister aux yeux de la société. » Le
tribun Duveyrier exprimait aussi très-énergiquement
cette opinion, dans son rapport au Corps Législatif.
Ici, nous devons invoquer son autorité, car son système, loin d'être contredit par les discussions antérieures, leur est entièrement conforme. « Comment
« concevoir, sans être révolté, le cynisme impudent
« d'un homme qui pourrait révéler sa turpitude et son
« infamie, pour déshonorer sa compagne et sa vic-
« time ?... La justice éternelle, cette voix majestueuse
« de toute conscience pure dit que, dans ce cas, si ce
« cas existe, l'homme doit supporter toutes les char-
« ges de la paternité dont il a témérairement affecté
« la puissance, et dévorer la honte d'un enfant qu'il
« peut n'avoir pas fait, mais qu'il a eu la frauduleuse
« audace de promettre à sa femme et à la société. »
(V. pour tous ces textes, Fenet, tome 10, 1^re partie,
*passim*).

183. — La preuve manifeste de notre système résulte des différentes citations que nous venons de
produire. La plupart des auteurs l'ont admis. Néanmoins, MM. Valette et Demolombe, après l'avoir enseigné, l'ont abandonné pour se rallier à la doctrine
contraire. M. Demolombe, après réflexion, prétend que
l'idée fondamentale sur laquelle repose cette opinion
est peu solide. En effet, la femme pourrait très-bien
avoir épousé son mari, alors qu'elle connaissait son
état d'impuissance. Dans ce cas, le mari n'est point
coupable de l'avoir trompée ; la maxime *nemo auditur
suam turpitudinem allegans* ne lui est plus applicable.

Malgré l'autorité incontestable de M. Demolombe, il faut bien reconnaître que cette hypothèse est rarement observée, et nous sommes persuadés que l'on en rencontrerait peu ou point d'exemples. On la présente sous des couleurs favorables, en faisant valoir qu'un pareil mariage aurait pour but peut-être, la légitimation d'un enfant naturel. Mais il ne faut pas s'y tromper, sans calomnier la nature humaine, on est obligé d'admettre, que l'union contractée par une femme en âge de concevoir avec un homme qu'elle saurait impuissant, est une hypothèse chimérique et à peu près irréalisable. L'objection paraît donc bien moins solide que le fondement qu'elle a la prétention de renverser.

184. — D'ailleurs, l'auteur de cette explication le reconnaît implicitement lui-même ; voici comment il poursuit son argumentation. « Lors même que la « femme aurait ignoré le vice extérieur de conforma- « tion ou l'accident qui avait mis son futur époux dans « l'impossibilité d'engendrer, de deux choses l'une : « ou elle aura demandé, comme elle le peut, suivant « nous, la nullité du mariage pour cause d'erreur « dans la personne de son époux, et alors, la question « qui nous occupe ici ne pourra pas même s'élever ; « ou elle n'aura pas demandé la nullité du mariage « dans le délai qui lui est accordé à cet effet, depuis la « découverte de cette erreur et alors il en devra être « évidemment de ce cas comme de celui où elle aurait « contracté mariage avec un homme qu'elle savait « être dans l'impossibilité d'engendrer. » (Demol. t. 5, p. 38). Ce raisonnement est loin de satisfaire. Il suppose en premier lieu que l'impuissance résultant de la conformation physique peut permettre l'annulation du mariage, pour cause d'erreur dans la personne.

Or, cette opinion est loin d'être démontrée ; la jurisprudence la repousse [1]. Si l'on adopte ce dernier parti, l'argumentation précédente tombe nécessairement.

185. — D'ailleurs, nous séparerions-nous de la jurisprudence sur ce point, il nous serait impossible d'admettre la conclusion de M. Demolombe. Le mari serait relevé de la faute qu'il a commise, en trompant à la fois la société et son épouse, par suite du refus par cette dernière de demander la nullité de mariage ! Il faudrait donc arriver à amnistier entièrement le coupable. L'inaction de la femme, l'acceptation de cette situation à peu près intolérable, proviendrait le plus souvent de la volonté d'éviter un procès scandaleux, et de jeter un voile sur l'infamie du mari. C'est précisément alors qu'on permettrait à ce dernier de l'invoquer lui-même pour désavouer un enfant. Il n'en est pas moins coupable que la femme cherche ou non à se soustraire à la triste situation à laquelle il l'a réduite ; il faut absolument qu'il supporte les conséquences de sa faute dans l'un ou l'autre cas.

De plus, le dilemme du savant auteur paraît prévoir tous les cas ; il en reste un qui cependant lui échappe. La femme aurait six mois pour demander l'annulation du mariage. Supposez qu'elle l'a fait, que la nullité a été prononcée dans ce délai, mais que dans les trois cents jours qui suivent cette dissolution, elle accouche d'un enfant. Cet enfant est légitime,

---

[1] Gênes, 7 mars 1811, Sir. 11, 2, 193 ; Riom, 30 juin 1828, Sir. 28, 2, 226. — V. dans le même sens, Taulier, Aubry et Rau, Glasson (du consentement au mariage). — D'ailleurs la jurisprudence n'admet jamais l'allégation d'impuissance accidentelle. V. Nîmes, 29 novembre 1869, Sir. 70, 2, 78 ; Caen, 23 mars 1882, Sir. 82, 2, 108.

puisqu'il y a bonne foi de la part de l'un des conjoints et par conséquent mariage putatif. La présomption *pater is est* milite en sa faveur ; comment permettre au mari de la faire tomber ? La femme n'a point ratifié le mariage, son pardon n'est pas venu innocenter rétroactivement le mari ; celui-ci serait donc obligé d'invoquer uniquement sa faute pour désavouer l'enfant. M. Demolombe lui-même ne saurait alors le lui permettre.

186. — On croit, que refuser d'adhérer au système que nous venons de réfuter, c'est permettre à la femme de se livrer à titre de représailles aux plus scandaleux désordres. Il n'en est rien. Ce n'est pas le renversement de la présomption de paternité qui sert de sanction au devoir de fidélité auquel la femme est tenue à l'égard de son époux. Cette sanction se trouve au Code pénal, ou dans la faculté accordée au mari de demander la séparation de corps pour cause d'adultère. Le législateur n'excuse pas l'adultère de la femme même au cas d'impuissance manifeste du mari.

Concluons, en conséquence, que le système qui ressort clairement de la rédaction du Code et des travaux préparatoires est le seul que l'interprète doit admettre. Nous estimerons que l'accident dont parle l'art. 312-2° doit être postérieur au mariage et nous refusons absolument au mari le droit de désavouer un enfant pour cause d'impuissance apparente antérieure[1].

187. — Telles sont les deux seules causes d'impos-

---

[1] Sic : Delvincourt, Marcadé, Aubry et Rau.

Contra : Valette, Demolombe, Dalloz.

A l'époque où M. Demolombe admettait encore l'opinion que nous avons soutenue, il y faisait une exception. C'est au cas où l'accident antérieur au mariage n'aurait créé qu'une impuissance

sibilité physique de cohabitation pour lesquelles la loi permet d'intenter l'action en désaveu. Nous devons observer, en terminant, que ces deux causes peuvent très-bien se compléter l'une par l'autre. Ainsi le mari peut avoir été absent pendant la première partie de la période de conception, puis revenir mutilé au domicile conjugal. Il est de toute évidence que le désaveu sera fondé en pareille hypothèse. Mais il faut pour cela que les deux causes se soient succédé sans aucune interruption et de telle sorte que la cohabitation n'ait pas été possible un seul instant.


## SECTION II

### Impossibilité morale de cohabitation.

188. — L'impossibilité morale de cohabitation entre les époux peut permettre d'intenter l'action en désaveu dans deux cas que nous allons étudier successivement et qui forment aujourd'hui l'art. 313. Voyons d'abord le premier. Art. 313, 1° « il (le mari) ne pourra « le désavouer (l'enfant) même pour cause d'adultère, « à moins que la naissance ne lui ait été cachée, au-

temporaire, et où le mariage aurait été contracté en connaissance de cause par la femme, pendant la durée de cette impuissance. Un homme est blessé, sa guérison est certaine, mais c'est une question de temps. On comprend alors que le mariage puisse être célébré avec le consentement entier de la femme. Dans ce cas, la maxime *nemo auditur propriam turpitudinem allegans* ne saurait être invoquée contre le mari. On peut accorder cette exception et permettre le désaveu dans cette hypothèse qui d'ailleurs sera bien rare.

« quel cas il sera admis à proposer tous les faits pro-
« pres à justifier qu'il n'en est pas le père. »

Une idée fondamentale résulte tout d'abord de ce
texte. L'adultère de la femme ne suffira point pour
permettre le désaveu. C'est toujours la même raison
qui est invoquée : l'adultère n'exclut point la possibilité de la paternité du mari et dans le doute le législateur se prononce en faveur de la légitimité. La loi
*miles* (l. 11, §. 9, 48, 5, dig.) est citée dans les travaux préparatoires. Bigot-Préameneu la paraphrasait
en ces termes : « la femme peut avoir été coupable
« sans que le flambeau de l'hyménée fût encore éteint. »
Il importerait peu qu'à l'adultère vînt se joindre une
déclaration de la mère attribuant à l'enfant un père
autre que le mari. Le juge ne devrait en tenir aucun
compte.

Il est cependant d'autres circonstances qui rendent
entièrement improbable la paternité du mari. Le législateur les énumère ou plutôt les indique dans l'art.
313, 1°. Quand elles se réunissent il permet au père
de désavouer l'enfant. Il faut qu'il y ait eu adultère de
la femme, recel de la naissance de l'enfant, et que
toutes les présomptions possibles militent contre la
paternité du mari. Dans cette hypothèse, mais dans
cette hypothèse seulement, le juge pourra prononcer
l'adultérinité de l'enfant.

189. — L'adultère de la femme est puni par la loi
pénale ; il l'est même dans certains cas par le Code
Civil, art. 298 et 308. Supposons que le mari ait pour-
suivi son épouse à raison de ce délit, et que celle-ci ait
été condamnée ; l'adultère est constant[1]. Si par hypo-

---

[1] Les jugements rendus au criminel possèdent en civil l'autorité de la chose jugée, quant à l'existence même du fait. Ce prin-

thèse, la femme venait à accoucher, et qu'elle dissimulât à son mari la naissance de l'enfant, deux des éléments exigés par l'art. 313 seraient acquis. Le mari n'aurait plus qu'à proposer les faits justifiant qu'il n'est pas le père. Le juge pèserait les différentes présomptions résultant des allégations du mari ; si elles lui paraissaient suffisantes il prononcerait le désaveu. L'art. 313 s'applique à merveille à cette hypothèse, mais ne s'applique-t-il que lorsqu'elle vient à se réaliser ? En d'autres termes, faut-il que la femme ait été préalablement condamnée pour que le mari puisse triompher dans son action en désaveu ? Certains orateurs, Duveyrier, par exemple, dans son exposé des motifs, se placent exactement dans cette hypothèse. Cependant, de l'ensemble des travaux préparatoires, il paraît résulter qu'une condamnation préalable de la femme n'est pas exigée. Ce que l'on veut, c'est que l'adultère soit prouvé judiciairement, que le juge ait pu en acquérir la conviction intime. Cet adultère, en effet, au point de vue de la non-paternité du mari, ne saurait avoir plus ou moins de force, selon que la femme coupable a été ou non frappée de la peine qu'elle a encourue. Certainement les législateurs n'auraient point admis une idée aussi étrange. S'ils se sont placées parfois, dans leurs rapports, dans l'hypothèse où la femme a été punie, c'est uniquement pour faire entendre qu'aucun doute ne doit exister sur le fait de l'adultère dans l'esprit du juge.

190. — Mais, n'auraient-ils point voulu que l'adultère ait été reconnu en dehors de toute poursuite répressive par un jugement rendu préalablement au ci-

cipe est de jurisprudence certaine ainsi que de doctrine. V. Aubry et Rau t. 8 h. 407 et les autorités qu'ils citent.

vil ? Merlin et Toullier ont soutenu cette opinion. Merlin disait, lui-même, qu'il la soutenait à son corps défendant, et moins *par conviction personnelle* que par suite de l'autorité des rapporteurs aux divers projets du Code. Il faut en effet reconnaître que les orateurs se plaçaient à peu près toujours dans cette hypothèse. Mais s'ensuit-il que ce jugement préalable doive être obtenu ? Il faut répondre négativement et par le même argument que nous avons déjà fait valoir. L'adultère doit être prouvé; un jugement doit le déclarer constant, mais on ne saurait comprendre pourquoi le jugement définitif ne suffirait pas, pourquoi deux instances seraient nécessaires pour arriver au désaveu. Les orateurs supposaient qu'il en aurait été ainsi dans un intérêt d'ordre et de clarté pour la discussion, mais nous ne pensons pas qu'ils aient songé un seul instant à exiger un jugement préalable. Le texte de l'art. 313 aurait été conçu d'une autre manière s'ils avaient eu cette intention. Tant qu'ils ne l'ont point expressément manifestée, l'interprète n'a pas le droit de se montrer plus exigeant qu'ils ne le furent eux-mêmes. Cette raison a convaincu tous les autres jurisconsultes qui ont entièrement abandonné les deux défenseurs de cette opinion[1]. En principe il n'y aura donc qu'une seule instance, un seul jugement, dans lequel le juge prononcera sur les trois points énumérés par l'art. 313-1°.

191. — Mais alors se pose une nouvelle question :

[1] Merlin et Toullier ne demandent qu'un jugement rendu incidemment à l'instance principale. Ils n'auraient pu exiger une action principale destinée à la constatation de l'adultère. Les délais pour intenter le désaveu sont très-courts. Il eût été impossible de terminer, avant leur expiration, une instance préalable.

faudra-t-il suivre un ordre rigoureusement déterminé dans ces diverses preuves, devront-elles se succéder régulièrement d'après le rang qu'elles occupent dans l'art. 313? En bonne raison, on ne voit guère de motifs obligeant à répondre affirmativement. Le législateur fait fléchir la présomption légale de paternité, au cas où il est démontré que la femme a commis un adultère, qu'elle a caché la naissance de l'enfant à son mari et que toutes les probabilités militent en faveur de la non-paternité de ce dernier. C'est la force de ces trois éléments réunis qui forme un faisceau de présomptions assez graves pour ne plus laisser place à la règle de l'art. 312. Dès lors, qu'importe l'ordre suivi dans la démonstration? que l'adultère ait été prouvé en premier ou en dernier lieu, les motifs de décider sont les mêmes, et il serait étrange de la part du législateur d'admettre l'impossibilité morale de cohabitation en un cas et de la rejeter dans l'autre.

192. — Le texte de l'art. 313 pourrait cependant faire éprouver des doutes. Il semblerait, en le lisant, qu'il suppose l'adultère et le recel prouvés, avant que l'on arrive à la preuve des faits de non-paternité. Celle-ci ne serait recevable qu'après production des deux premières. Il n'est pas à croire que le texte possède une telle portée. Il a pour but d'indiquer ce que le législateur entend par impossibilité morale de cohabitation. Il veut dire que la preuve de l'adultère et celle du recel de la naissance ne suffiront point à l'établir, que les faits de non-paternité n'auront pas eux-mêmes cette force, s'ils ne sont point étayés par la démonstration des deux premiers ; en un mot, que le juge n'aura la faculté de prononcer le désaveu, que lorsque sa conviction sera arrêtée sur ces trois points.

193. — De quelle manière ces trois choses doivent-elles être prouvées ?

Quant au recèlement de la naissance, c'est le fait fondamental et le plus concluant. Il est complètement indépendant de l'adultère et des autres faits de non-paternité qui ne pourraient le faire présumer. Il doit faire l'objet d'une preuve spéciale et distincte. Cette preuve peut être fournie par tous les moyens possibles, la loi n'indique aucune restriction sur ce point. Il suffit que la conviction puisse naître dans l'esprit du juge.

Il n'est pas nécessaire que la femme ait réussi à cacher cette naissance à son mari. Si elle a fait son possible pour arriver à ce résultat, la loi est satisfaite ; il y a de grandes probabilités que l'enfant ne provient pas des œuvres du mari, lorsque son épouse n'ose lui avouer cette maternité dont elle devrait être fière. Delvincourt a pourtant soutenu l'opinion contraire. Il a entendu l'art. 313 en ce sens que le mari ne devrait pas avoir *connu* la naissance de l'enfant. Il aurait dû arriver ainsi au résultat suivant : le mari se serait trouvé dans l'obligation de prouver son ignorance, c'est-à-dire un fait négatif. Comprenant l'impossibilité de cette preuve et l'inadmissibilité d'une telle conséquence, cet auteur a fini par soustraire le mari à la charge de toute preuve, et à imposer à l'enfant l'obligation de démontrer, durant l'instance en désaveu, que le mari avait connu sa naissance. C'était créer en l'absence de toute disposition législative une présomption légale d'ignorance au profit du mari, c'était contredire le principe fondamental qui met à la charge du demandeur le fardeau de la preuve. Aucun interprète n'a osé suivre Delvincourt sur ce terrain.

194. — Ainsi, le mari doit prouver le recèlement de la naissance. Il peut le faire par toutes sortes de moyens même par de simples présomptions. Peu importe que la femme n'ait point réussi à la lui cacher. Tout fait laissant présumer qu'elle a tenté cette dissimulation peut être pris en considération par le juge. Ainsi, il a été jugé avec raison, selon nous, que la preuve du recèlement résulte de l'inscription de l'enfant sur les registres de l'état civil comme né de père inconnu. V. Paris, 28 juin 1819, Sir. 20, 2, 7, ; Paris, 4 Déc. 1820 Sir. 21, 2, 98 ; Paris, 5 juillet 1843, Sir. 44, 2, 185 ; Nîmes, 13 juillet 1827, Sir. 28, 2, 159. Chr. Paris. 23 janvier 72. D. 74, E, 268.

Le recèlement de la grossesse pourra même équivaloir selon les cas à celui de la naissance [1]. Il sera souvent inspiré à la femme par les mêmes mobiles, la présomption à en tirer au sujet de la non-paternité du mari sera donc aussi forte. Nous nous gardons cependant de poser cette équivalence en principe. Il faudra avant de l'accepter considérer attentivement les circonstances, et voir si le recèlement de la grossesse ne pourrait point s'expliquer par une autre cause. Dans ce dernier cas, la preuve ne saurait en être concluante. Voyez en sens divers sur ce point : Cass. 8 décembre 1831, Sir. 52, 1, 161 ; Montpellier, 24 déc. 1857, Sir. 59, 2, 524 ; Cass. 7 janvier 1850, Sir. 50, 1, 113 ; Alger, 18 novembre 1858, Sir. 59, 2, 303 ; Bourges, 5 juillet 68, Sir. 69, 2, 14.

195. — Quant à l'adultère, une question délicate s'est posée. Faut-il le prouver d'une manière spéciale et distincte ? Peut-on au contraire l'induire des faits

[1] Sic, Zachariæ, Massé et Vergé, Aubry et Rau, Demante, Demolombe.

de non-paternité allégués par le mari ? Une doctrine assez générale repousse cette dernière opinion et exige une preuve spéciale de l'adultère [1]. Le grand argument des auteurs qui ont adopté ce système, repose sur le texte même de l'art 313. Les faits de non-paternité ne pourraient, d'après la contexture de l'article, être pris en considération, sans une preuve directe et indépendante, aussi bien du recèlement de la naissance, que de l'adultère de la femme. Comment alors pouvoir en faire résulter cet adultère même dont ils tireront toute leur force ?

De plus, ajoute-t-on, ce serait confondre le désaveu pour cause d'impossibilité morale de cohabitation avec celui qui est basé sur l'impossibilité physique. Dans l'hypothèse de l'art. 312, la preuve de l'impossibilité physique suffisant elle-même pour faire prononcer le désaveu, entraîne comme conséquence forcée la preuve de l'adultère de la femme. Dans l'art. 313, il n'en est plus de même ; la preuve des faits de non-paternité ne saurait avoir cette force, puisque la loi ne lui accorde une valeur que lorsque la preuve de l'adultère a été fournie. Il ne faut pas faire, dans cette hypothèse, résulter l'adultère du désaveu, puisque la loi exige formellement que ce soit le désaveu qui résulte de l'adultère.

196. — La jurisprudence s'est maintes fois prononcée en faveur de l'opinion contraire [2] qui est au-

---

[1] V. dans ce sens : Duvergier sur Toullier 2, 816 ; Duranton 3, 52 ; Proud'hon et Valette 2, p. 30 ; Zachariæ 3, p. 640 ; Marcadé art. 313. Dalloz, rép. V. paternité nª 46.

[2] V. dans le sens de la jurisprudence : Rochefort, état des familles, 1, 25 ; Ducaurroy, Bonnier, Roustaing, 2, 56 ; Valette s'est rangé à cette dernière opinion dans son explication sommaire, p. 170 et s.

jourd'hui définitivement adoptée en pratique. Voyez : Cass. 29 janvier 1831, Sir. 31, 1, 81 ; Cass. 9 mai 1838, Sir. 38, 1, 854 ; Paris, 29 juillet 1826, Bordeaux, 5 juillet 1843, Dalloz, rep. V° paternité n° 45 ; Cass. 31 juillet 1866, 66, 1, 417. (Il existe un seul arrêt en sens contraire : Alger, 18 novembre 1858, Sir. 59, 2, 303.) Ces arrêts posent en principe, que la preuve de l'adultère n'est point spécialement et directement exigée, ce fait pouvant s'induire des autres moyens allégués par le mari pour prouver sa non-paternité.

197. — Il faut, à notre avis, sauf une réserve que nous ferons bientôt, se ranger à la doctrine de la jurisprudence. Il est en effet de principe que l'adultère de la femme, même au point de vue pénal, peut s'établir de toute manière et par toute espèce de moyens [1]. De simples présomptions peuvent suffire pour faire naître la conviction dans l'esprit du juge. Il doit en être de même en matière civile. Pourquoi le fait qui servira de point d'appui à ces présomptions, ne serait-il pas un de ceux que le mari a allégués pour prouver sa non-paternité ? La loi ne le défend pas ; elle ordonne au juge une seule chose, c'est de prononcer le désaveu lorsqu'il y aura eu impossibilité morale de cohabitation entre les deux époux. Cette impossibilité sera établie par trois éléments : recèlement, adultère, probabilité de la non-paternité du mari. Quand le juge aura une conviction formée sur ces trois points, peu importe la manière dont il y sera arrivé, il prononcera le désaveu. Tel paraît être l'esprit de la loi.

198. — Et d'ailleurs, en se rattachant à l'opinion contraire on pourrait tomber dans une contradiction

[1] L'art. 338 du Code Pénal limite les moyens de preuve à l'égard du complice seulement.

singulière. Un jugement de séparation de corps peut être prononcé contre la femme pour cause d'adultère, et l'adultère dans ce cas aura pu s'induire des faits que le mari invoquerait pour prouver sa non-paternité dans une instance en désaveu basée sur l'art. 313. C'est précisément ce qui est arrivé dans une espèce que nous avons citée précédemment : Grenoble, 21 déc. 1830, Dalloz rép. (V. *Supra* N° 171). Le divorce fut prononcé pour cause d'adultère contre une femme, par la raison qu'elle avait mis au monde un enfant conçu à une époque où elle ne cohabitait pas avec son mari. Supposons qu'elle eût caché à ce dernier la naissance de l'enfant, l'art. 313 devient applicable.

Alors de deux choses l'une : où l'on rejetterait le désaveu sous prétexle que le fait de l'adultère résulterait uniquement du fait de non-paternité, l'éloignement du mari, et alors on tomberait en contradiction avec le principe de l'autorité de la chose jugée, l'adultère devant être réputé constant puisqu'il aurait motivé une condamnation contre la femme, art. 298 et 308 C. Civ ; ou on l'admettrait, et alors, c'est à l'égard de l'art. 313 lui-même que l'on serait en contradiction ; on permettrait de faire par un moyen détourné ce qui serait défendu par la loi. Restons donc avec la jurisprudence.

199. — On objecte, il est vrai, que nous faisons résulter l'adultère du désaveu, alors que l'art. 313 exige exactement le contraire.

Il est facile de répondre. Nous ne faisons pas résulter l'adultère du désaveu. Dans certaines hypothèses, nous pourrions en effet le regarder comme prouvé et rejeter pourtant l'action en désaveu. On peut très-facilement supposer, et il doit sans doute arriver bien souvent, que les faits allégués par le mari sont suffisants pour démontrer l'adultère de sa femme, mais ne le sont point pour justifier sa non-paternité. Dans ce cas, le désaveu sera rejeté, cependant le crime de la femme sera constant. Ce n'est donc pas du désaveu que nous faisons résulter l'adultère.

200. — D'ailleurs, cette controverse célèbre ne présente au point de vue pratique qu'un intérêt bien médiocre. La jurisprudence exige que les faits de non-paternité ne laissent subsister aucun doute sur l'impossibilité de la paternité du mari. Il est facile de s'en convaincre par l'examen des espèces. L'enfant n'est déclaré adultérin qu'en présence d'une véritable certitude morale, une preuve spéciale et directe de l'adultère ne serait point faite pour rendre cette certitude plus absolue. Il n'est donc pas douteux, que le but du législateur soit atteint et son intention scrupuleusement suivie.

201. — Nous avons cependant annoncé qu'il y avait à faire une réserve. Certains arrêts, pour exprimer le système que nous avons admis, ont employé parfois des expressions exagérées qui paraissent dépasser l'opinion qu'elles voulaient énoncer. Il résulterait de certaines solutions que la preuve de l'adultère serait complètement inutile, que le recel de la naissance, accompagné de faits de non-paternité, suffirait toujours pour faire prononcer le désaveu. Bref, il n'y aurait plus lieu de se préoccuper de l'adultère et d'y songer. Nous n'irons pas jusque-là. La preuve de l'adultère n'est pas exigée *spécialement*, *directement*, mais il est nécessaire qu'elle découle des faits de non-paternité. Ceux-ci doivent être considérés à un double point de vue par le juge. Il doit examiner s'il en ré-

sulte 1° que la femme ait commis un adultère; 2°, que le mari ne soit pas le père de l'enfant. C'est d'ailleure dans ce sens que la jurisprudence a été fixée par ls dernier arrêt sur la matière du 31 juillet 1866. (Sir. 66, 1, 417)[1].

202. — Un point reste à déterminer : à quelle époque devra se placer l'adultère ainsi démontré ? Faut-il qu'il ait eu lieu pendant la période légale de conception ? En principe l'affirmative est incontestable. Il ne faudrait pas suivre l'opinion de certains auteurs qui se contentent de la preuve d'un adultère commis à une époque quelconque. La femme ayant failli une fois peut toujours être présumée en faute. Ce principe résulte d'une maxime de droit canonique que M. Laurent n'hésite pas à proclamer détestable : *Semel malus, semper præsumitur esse malus.*

Mais, n'oublions point une chose; on peut déterminer approximativement l'époque de l'adultère par de simples présomptions. Ainsi, la cour de cassation dans l'arrêt du 31 juillet 1866 que nous venons de citer, a donné avec raison la solution suivante. La femme avait été condamnée pour adultère 11 mois et demi avant la naissance de l'enfant. Depuis cette condamnation elle avait cessé d'avoir des relations avec son mari. Les fréquentations qu'elle pouvait avoir avec son ancien complice suffisaient à démontrer que les relations avaient continué entre eux. En pareille hypothèse, la présomption de faute à l'égard de la femme n'est pas tirée uniquement de sa faute antérieure ;

---

[1] M. Demolombe t. 5 n 42 et suiv. cherche à concilier la doctrine et la jurisprudence. Au fond il paraît admettre plutôt le système de la jurisprudence et l'opinion que nous donnons au texte est à peu près conforme à la sienne.

elle résulte surtout de circonstances postérieures très-graves et qui deviennent entièrement probantes, quand on les rapproche de l'adultère primitif.

203. — Le mari doit proposer en outre tous les faits propres à justifier qu'il n'est pas le père. Aucune limitation n'est apportée par la loi. Le mari peut invoquer toutes sortes de moyens, toute espèce de présomptions.

L'éloignement peu considérable et ne suffisant pas à demander le désaveu de l'art. 312, l'état de maladie ou de faiblesse du mari, la séparation amiable entre les époux, tout cela peut être invoqué pour faire présumer l'adultérinité de l'enfant. Nous défendrons un seul moyen, c'est *l'impuissance naturelle* du mari ; nous connaissons déjà [1] la raison de cette prohibition.

Il n'est pas nécessaire qu'une preuve spéciale et distincte de ces faits de non-paternité soit produite. Cela a été jugé à diverses reprises : Cass. 4 avril 1837, Sir. 37 1, 439 ; 14 février 1854, 34, 1, 125 ; Dijon, 17 mai 1870, 71, 2, 233. Le juge possède sur ce point une entière latitude et pourrait prononcer l'illégitimité de l'enfant, sans qu'il lui fût besoin d'ordonner une enquête destinée à recueillir ces diverses présomption.

Néanmoins, quand il y aura lieu d'établir directement les faits de non-paternité, c'est au moyen d'une enquête spéciale que la preuve devra en être fournie. Le mari ne pourrait se prévaloir, pour le désaveu, des faits constatés dans une enquête antérieure intervenue pendant une instance de séparation de corps

---

[1] V. supra n° 175,

entre lui et sa femme. Rennes, 29 mai 1839, Dalloz rép. V° paternité n° 60.

204. — Il résulte de ce que nous venons d'exposer, que le désaveu de l'art. 313 n'est pas péremptoire comme celui de l'art. 312. Le mari est admis à proposer des faits de non-paternité, le juge pèsera les probabilités, les preuves fournies et prononcera d'après sa conviction intime. Il ne sera pas tenu de détruire la présomption de paternité, alors même que le recèlement de la naissance et l'adultère aient été directement et pour ainsi dire matériellement prouvés. Il conservera toujours son pouvoir souverain d'appréciation et sa décision ne saurait être déférée à la cour de cassation sur ce point.

205. — Cette dernière cause de désaveu n'a pas été admise sans hésitation par les rédacteurs du code. C'est, en effet, un commencement d'arbitraire. Mais dans certains cas, il est manifestement évident que l'enfant provient de l'adultère, le législateur ne pouvait en bonne justice en infliger la paternité au mari. Cette disposition n'est point à regretter. Les éléments exigés par la loi sont rigoureusement déterminés, et il semble qu'il serait difficile d'abuser de l'art. 313. D'ailleurs, l'esprit du législateur, qui se reflète clairement dans tous les articles relatifs à notre matière, prescrit impérieusement au juge de ne prononcer le désaveu que devant des raisons entièrement concluantes.

A un autre point de vue cependant, l'art. 313, 1° ne serait pas à l'abri de la critique. Il exige formellement qu'il y ait eu recèlement de la naissance. Duveyrier fait ressortir en termes pompeux combien cette circonstance donne à penser en faveur de la non-paternité du mari. Sans défier toute réponse, cette considération est pourtant assez forte. Mais elle aboutit à un résultat regrettable. La mère qui aura conservé un reste de pudeur, qui aura caché la naissance de l'enfant adultérin sera traitée plus favorablement que celle qui ne rougissant point de sa faute l'aura cyniquement étalée à tous les regards ! Ce système est d'autant plus fâcheux, qu'il laisse à la femme la possibilité de rendre l'art. 313 lettre morte, en ne dissimulant point la naissance de l'enfant.

206. — Loi du 6 décembre 1850 — « En cas de « séparation de corps prononcée, ou même demandée, « le mari pourra désavouer l'enfant qui sera né trois « cents jours après l'ordonnance du président aux ter- « mes de l'art. 878 du Code de procédure civile et « moins de cent quatre-vingts jours depuis le rejet dé- « finitif de la demande ou depuis la réconciliation. « L'action en désaveu ne sera pas admise s'il y a eu « réunion de fait entre les époux. [1] »

Le Code Civil n'admettait d'autres cas de désaveu que ceux que nous avons précédemment étudiés. Il existe cependant une hypothèse où il était impossible de conserver sa force à la présomption *pater is est*. C'est lorsque la conception de l'enfant vient se placer après la séparation de corps prononcée en justice. Le premier projet du Code Civil, présenté à la séance du 14 brumaire an X, portait un article ainsi conçu : « La présomption de paternité résultant du mariage « cesse encore..... 2° lorsqu'ils (les époux) sont sépa-

[1] La nouvelle loi s'en rapporte au minimum et au maximum de la durée des grossesses tels qu'ils sont fixés par les art. 314 et 315. Malheureusement elle n'emploie pas des expressions d'une exactitude absolue. Il est à regretter que le législateur n'ait pas songé à profiter de l'occasion pour trancher la grande contro- verse existant sur le calcul des délais.

« rés de corps et de biens : à moins dans ce cas, qu'il
« n'y ait eu réunion de fait et réconciliation entre
« eux. » Cambacérès dans la séance du 16 brumaire
de la même année combattit le projet ; il n'est pas ordinaire, disait-il, que les époux séparés se fréquentent.
Le premier Consul adoptait cet avis. Néanmoins, le
fait étant possible la disposition ne fut pas écartée ;
elle fut ajournée jusqu'au moment où l'on devait discuter la matière de la séparation de corps. Soit par
suite d'un oubli, soit par suite d'un changement dans
la manière de voir des rédacteurs, elle ne revint plus.
Il est vrai que le Tribunat, lors de la communication
officieuse du 19 vendémiaire an X, proposa de modifier l'art. 2 du projet qui forme aujourd'hui l'art. 313
— (1er alinéa). Le Tribunat demandait que la condition
du recèlement de la naissance pût être remplacée par
celle de la séparation d'habitation entre les deux époux.
La proposition était ainsi conçue : « Le mari ne
« pourra désavouer l'enfant pour cause d'adultère de
« la part de sa femme à moins que la naissance de
« l'enfant ne lui ait été cachée, *ou qu'il n'ait vécu sé-*
« *paré d'habitation de sa femme à l'époque de la con-*
« *ception* : auquel cas il sera admis à proposer tous
« les faits propres à justifier qu'il n'est pas le père. »
D'après ce texte la simple séparation de fait aurait
été aussi puissante que la séparation judiciaire. Cette
proposition ne put aboutir et les mots soulignés ne furent point maintenns à la rédaction définitive. La séparation amiable ou judiciaire ne devait donc jamais,
d'après le Code Civil, permettre le renversement de la
présomption de paternité.

207. — Cette règle était fort rigoureuse. Certains
auteurs n'avaient pu admettre une telle sévérité de la

part du législateur et ils permettaient le désaveu, dans
cette hypothèse, pour impossibilité morale de cohabitation et sans exiger le recèlement de la naissance.
Cette opinion évidemment erronée fut adoptée par un
arrêt de la Cour d'appel de Caen en date du 28 décembre 1814, Sir. 15, 2, 85.

On s'est préoccupé à trois reprises de modifier la
loi sur ce point. En 1816 et en 1834, la question fut
posée à la Chambre des Pairs sans pouvoir parvenir à
une solution. Enfin, en 1850, M. Demante, membre
de l'Assemblée nationale, reprenant l'initiative, proposa un projet ainsi conçu et qui devait former un second paragraphe à l'art. 313 : « Le même droit ap-
« partiendra au mari indépendamment du recel de la
« naissance, si les époux sont séparés de corps, ou
« même s'il y a seulement instance en séparation,
« pourvu que l'enfant soit né trois cents jours après
« l'ordonnance du président rendue aux termes de
« l'art. 878 du Code de procédure et moins de cent
« quatre-vingts jours depuis le rejet définitif de la de-
« mande ou depuis la réconciliation. » C'était, on le
voit, reprendre le projet du Tribunat en le restrei-
gnant à la séparation judiciaire. Le résultat de cette
proposition était de créer un nouveau cas de désaveu
qui, incontestablement, n'aurait pas été péremptoire.
Le mari aurait pu seulement produire des faits de
non-paternité que le juge aurait appréciés souverainement.

Ce projet fut adopté en première et seconde lecture. Au moment où il allait être consacré par un vote
définitif. MM. Valette et de Vatisménil proposèrent
un amendement qui l'emporta sur la première rédaction. Cet amendement fut immédiatement voté et

forme aujourd'hui le second alinéa de l'art. 313.

208. — La nouvelle loi fut édictée sans un mot d'explication. On s'est demandé, dès lors, si l'on avait voulu changer la nature du désaveu. Le premier projet créait un désaveu non-péremptoire. L'amendement avait-il pour but de le modifier en le rendant péremptoire ? cela pouvait se contester. La Cour d'Amiens, appelée à se prononcer sur la question, rendait, le 30 juin 1853 (Sir. 54, 2, 81) un arrêt dans lequel nous relevons les considérants qui suivent : « At-« tendu que le rapporteur de l'amendement termina « en disant qu'il ne s'agissait pas d'un cas nouveau — « que par suite le mari est seulement admis par tous « moyens en son pouvoir à faire preuve qu'il n'est « pas le père de l'enfant — que la présomption déjà « autorisée en cas de recel et d'adultère est seulement « autorisée dans un nouveau cas — que l'amendement « quelle qu'en soit la rédaction n'a altéré ni par son « texte ni par sa pensée l'esprit de la proposition pri-« mitive admis à trois reprises sans contradiction — « que cet amendement se borne à opposer au droit « nouveau attribué au mari un obstacle lorsqu'il y a « eu réunion de fait entre les époux — qu'enfin en « rattachant la disposition de la loi de 1850 à l'art. « 313, le législateur a voulu manifestement indiquer « la relation qu'il entend établir entre les cas prévus « par l'article et le cas nouveau réglementé. »

209. — Ces raisons possèdent une valeur et plusieurs auteurs les ont admises[1]. Mais, tous les autres jurisconsultes et une jurisprudence constante se sont rattachés à l'opinion contraire. Il n'est pas douteux, en effet, que le législateur ait voulu modifier la nature

_______________

[1] Marcadé, Massé et Vergé.

du désaveu proposé. Cela ressort du texte de la loi elle-même qui est conçu d'une manière absolument différente du projet primitif. On ne saurait également argumenter de son insertion dans l'art. 313 ; elle a pris la place qui avait été assignée à la disposition antérieure sans qu'on ait songé à l'ajouter plutôt à l'art. 312. D'ailleurs les auteurs des deux projets ont fait connaître postérieurement toutes les intentions qu'ils avaient au moment de la confection de la loi, et ont ainsi tranché complètement la question. M. Valette s'en est expliqué d'abord formellement dans une lettre écrite à M. Arbey, président du tribunal de Laon : « Le sens fondamental et le but de l'amendement est, « à la différence du projet primitif, de rendre le désa- « veu du mari péremptoire.... il nous a paru scanda- « leux que le mari, lorsque l'habitation commune « n'existait plus légalement, eût quelque chose à « prouver quand il désavoue. La loi ne peut supposer « qu'il va en bonne fortune chez sa femme et en fasse « sa maîtresse. »

210. — Dans son explication sommaire du premier livre du Code Civil le même auteur est aussi explicite : « D'après la rédaction primitive le mari aurait eu seu- « lement dans les deux cas dont il s'agit un droit « identique à celui que l'art. du Code (313) lui ac- « corde au cas de recel de la naissance, c'est-à-dire « qu'il eut été admis à justifier tous les faits propres à « établir qu'il n'était pas le père de l'enfant. Mais sur « nos observations, cet ordre d'idées fut abandonné « dans la commission parlementaire chargée d'examiner « le projet..... On convint par suite d'accepter notre ré- « daction ; et on nous chargea de la présenter en no- « tre nom à l'Assemblée Nationale, ce que nous fîmes

« de concert avec un de nos collègues. Il en résulte
« que le désaveu du mari doit être péremptoire quand
« il est fondé sur la séparation de corps, prononcée
« ou demandée ; c'est ce qu'indique le nouvel article
« en disant : le mari « *pourra désavouer l'enfant*, »
« expression dont se sert aussi l'art. 312 pour les cas
« d'impossibilité physique de cohabitation. »

M. Demante, dans son cours analytique, reconnaît
lui-même que le système de l'amendement Valette,
différait beaucoup de son projet et qu'il l'a emporté
sur l'idée primitive : « Sur un amendement proposé
« à la troisième délibération par MM. de Vatisménil et
« Valette et qui fut adopté par la commission, le sys-
« tème fut changé. On considéra que l'état de sépa-
« ration de corps, rendant invraisemblable le com-
« merce des deux époux, la présomption de paternité,
« conséquence du mariage toujours subsistant devait
« bien encore durer jusqu'au désaveu du mari, mais
« que le désaveu fait par celui-ci dans les délais, dans
« les formes voulus, ne devait être soumis à aucune
« justification autre que celle de l'existence de la sépa-
« ration..... etc. »

211. — Aucun doute ne peut donc subsister et la
jurisprudence a complétement abandonné le système
de la Cour d'Amiens : Paris, 18 février 1854, Sir. 54,
2, 307. Bordeaux ; 16 juin 1858, 58, 2, 690 ; Nancy,
12 janvier 1861, Sir. 61, 2, 307 ; Toulouse, 14 juin
1874, 74, 2, 173 ; Dijon, 24 janvier 1872, 72, 2, 4 ;
Cass. 19 août 1872, 73, 1, 75. Les arrêts sont même
allés trop loin en ce sens. Ainsi, plusieurs ont prétendu
que l'ordonnance du président (art. 878, Code de Procédure) *fait cesser*, *détruit la présomption de paternité*. C'est employer une expression inexacte et dépas-

sant évidemment la pensée que l'on veut rendre. La présomption de paternité subsiste après la séparation de corps. Le désaveu du mari doit, pour être recevable, être intenté dans les délais et les formes indiqués par les art. 316 et suivants du Code Civil. Ce n'est que devant cette action régulièrement introduite que la règle *pater is est* succombera.

212. — Nous disons que ce désaveu est péremptoire. Il faut, toutefois, établir une distinction. Dans les deux cas de l'art. 312, la preuve étant faite, aucune exception ne peut être opposée au mari. Le juge est enchaîné et doit déclarer sa non-paternité. Ici il n'en est point entièrement de même, la présomption de non-cohabitation entre les époux peut être renversée par la preuve contraire. Dans ce cas, la possibilité morale de la paternité du mari existant, la règle générale reprendrait son empire et l'illégitimité de l'enfant ne saurait être prononcée. C'est ce que disent formellement les derniers mots de notre art. 313. 2° : « L'action « en désaveu ne sera pas admise s'il y a eu réunion « de fait entre les époux. » Par conséquent, plus de désaveu possible quand cette réunion de fait est établie.

213. — Il reste plusieurs points à déterminer au sujet de cette exception de réunion. Par qui et comment doit-elle être prouvée?

Il est évident, en premier lieu, que l'on doit appliquer ici le principe fondamental : *reus in excipiendo fit actor*. C'est le défendeur à l'action en désaveu qui doit fournir cette preuve. La loi présume jusqu'à ce que le contraire soit démontré que le mari judiciairement séparé d'avec sa femme n'entretient plus aucun commerce avec elle. C'est donc l'enfant et sa mère (art.

318) qui doivent établir que cette présomption légale a été démentie par les faits.

Quant à la manière dont la réunion doit être prouvée, la plus grande latitude est laissée aux parties. Tous moyens pourront être invoqués, même de simples présomptions. Le juge possède sur ce point un pouvoir d'appréciation souverain. Il se décidera d'après les circonstances. Mais l'esprit de la loi exige qu'il n'admette comme probants que des faits propres à faire présumer un rapprochement intime entre les époux.

La simple rencontre du mari et de la femme, des relations purement extérieures entre eux ne pourraient autoriser à rejeter l'action. Il faut que ces rencontres, ces relations soient telles qu'elles laissent présumer le rétablissement au moins accidentel des rapports conjugaux[1].

Quand la preuve sera faite entièrement, que tous les doutes auront disparu, le juge sera rigoureusement contraint à rejeter l'action en désaveu. C'est en ce sens que l'on peut dire que l'exception tirée de la réunion de fait est elle-même péremptoire[2].

214. — Mais en admettant qu'une réunion de fait soit prouvée, doit-il être établi qu'elle se rapporte à la période de conception de l'enfant? Ce point est plus délicat. La loi ne l'exige pas expressément. Elle sup-

---

[1] Il faut soigneusement remarquer que dans cette hypothèse l'idée générale de notre matière ne s'applique plus. Le doute ne doit pas s'interpréter favorablement à la légitimité. Une preuve est à la charge de l'une des parties ; elle doit la faire complètement sous peine de succomber devant son adversaire.

[2] Il en serait ainsi même dans l'hypothèse où la femme séparée se livrerait habituellement à l'inconduite. Si la réunion de fait est établie, la présomption *pater is est* reprend toute sa force. L'adultère même habituel n'est pas suffisant pour la renverser.

pose, selon l'expression de M. Valette, que le mari ne va pas en bonne fortune chez sa femme pour en faire sa maîtresse. Si cependant, il a agi de cette sorte à une époque antérieure à cette période de conception, ne doit-on pas attacher à cet événement une certaine force, ne doit-on pas dire que son indignité le rend inapte à invoquer la protection édictée en sa faveur par la loi de 1850, que le rapprochement qui s'est opéré même avant la grossesse de la femme a rendu sa force primitive à la présomption de paternité? Il serait, à notre avis, imprudent d'aller jusqu'à cette solution. Mais ce que nous avons exposé précédemment peut nous permettre d'accorder un certain poids à la preuve de cette réunion antérieure. Le juge, disions-nous, a le droit d'apprécier souverainement les présomptions fournies par le défendeur. Or, il est incontestable qu'un premier rapprochement peut en faire présumer d'autres. Tout dépend des circonstances. Si la conduite du mari paraît suspecte, si les rencontres, les fréquentations avec son épouse n'ont point entièrement cessé depuis le fait établi, on est en droit de présumer que les relations intimes ont pu continuer entre les deux conjoints. En d'autres termes, il y aura lieu d'être beaucoup moins difficile pour la preuve de l'exception. Tels faits, telles circonstances qui, dans un cas ordinaire n'auraient pas joui d'une force suffisante, pourront dans cette hypothèse devenir entièrement concluants [1].

215. — Enfin, il peut y avoir lieu d'examiner un dernier point. L'enfant né avant le cent-quatre-vingtième jour de la réconciliation peut également être désavoué. Il est assimilé à l'enfant conçu avant le ma-

___

[1] Sic. Demante, Demolombe.

riage. Mais ne pourra-t-on, en ce cas, opposer au mari que l'exception de réunion de fait? Ne serait-il pas possible d'invoquer contre son action les fins de non-recevoir édictées par l'art. 314? L'affimative nous paraît certaine. Si le mari a eu connaissance de la grossesse de la femme avant la réconciliation et qu'il ait, néanmoins, consenti à reprendre la vie commune, il est incontestable qu'il doit être présumé l'auteur de cette grossesse. Il en est de même s'il a assisté à l'acte de naissance et que cet acte soit signé de lui. Quoique la réunion de fait ne puisse être établie, ces fins de non-recevoir doivent inévitablement la laisser supposer, et faire tomber la demande du mari. Quant à la non-viabilité de l'enfant, la question ne saurait faire un doute. Nous admettrons plus tard qu'elle s'oppose à toute sorte de désaveu et qu'elle peut être invoquée dans toutes les hypothèses[1].

216. — Nous avons ainsi terminé l'énumération limitative des causes de désaveu relativement aux enfants conçus pendant le mariage. Dans tous les autres cas possibles la présomption *pater is est* régnera souverainement. Peu importent les déclarations des époux, de la mère elle-même qui pourrait affirmer que l'enfant n'est pas l'œuvre de son mari; peu importent les énonciations, de l'acte de naissance sur ce point[1], la règle est absolue : le mari sera présumé le père envers et contre tous.

[1] V. *infra* n₀ 246 et suiv. et appliquez à l'espèce actuelle tout ce que nous disons sur les fins de non-recevoir.

[2] Point certain en jurisprudence et en doctrine. Paris, 28 juin 1819, Sir. 20, 2, 7 ; Paris, 6 janvier 1834, Sir. 34, 2, 131 ; Montpellier, 20 mars 1838, Sir. 39, 2, 279 : Cass. 19 mai 1840, Sir. 40, 1, 524 ; Paris, 11 janvier 1864, Sir. 64, 2, 5 ; Cass. 13 juin 1865, Sir. 65, 1, 308,

## SECTION III

**Conflit entre la présomption *pater is est* et d'autres présomptions légales.**

217. — La règle *pater is est* s'applique certainement à l'enfant conçu pendant le mariage, alors même que sa naissance survienne après la dissolution (art. 315 et supra n° 138). On s'est, néanmoins demandé, si dans cette hypothèse, la présomption légale ne souffre pas un affaiblissement considérable. La raison de douter est évidente. La règle repose sur cette idée que la femme, tenue du devoir de fidélité envers son époux, n'y a point failli : la loi ne saurait présumer l'adultère. Quand l'union conjugale a pris fin, la femme se trouve dégagée de cette obligation ; elle peut entretenir avec une tierce personne des relations qui ne constituent plus une faute légale. Que l'enfant conçu et né pendant le mariage soit étroitement protégé par la maxime *pater is est*, on le comprend sans peine ; mais quand il s'agit de l'enfant né assez longtemps après la dissolution, on conçoit que la certitude n'est plus aussi grande, et qu'à son égard, la règle pourrait ne pas être aussi absolue. Il peut être le fruit des relations dont nous venons de parler, et avoir été engendré durant la fraction de la période de conception qui se place en dehors du mariage. Ces considérations possèdent une valeur incontestable. Nous aurons à nous demander si l'on ne devra pas admettre parfois le renversement de la présomption de paternité même en dehors des hypothèses

prévues par les art. 312 et 313. La situation arrivera encore à se compliquer davantage, et nous verrons d'autres présomptions légales se trouver parfois en conflit avec celle de l'art. 312 ; il faudra décider auxquelles doit être accordée la préférence. Parcourons les différentes hypothèses possibles.

218. — Supposons en premier lieu que la femme accouche peu de temps après la dissolution du mariage et que ce premier accouchement soit suivi d'un second se plaçant peu de jours avant l'expiration du délai imparti par l'art. 315. Devrons-nous appliquer à la lettre le texte de la loi? Il conduirait tout droit à l'absurde. Il est bien évident que la conception du second enfant se place après la naissance du premier, c'est-à-dire postérieurement au mariage. Quoique né dans les trois cents jours après la dissolution, il ne saurait être présumé l'enfant du mari[1]. Voilà une hy-

---

[1] Il faudrait cependant ne pas poser en principe entièrement absolu ce que nous venons de dire. Nous supposons au texte que les deux accouchements se placent l'un vers le commencement, l'autre vers la fin des trois cents jours. S'ils étaient plus rapprochés, il pourrait y avoir lieu de modifier la solution donnée et même d'ordonner une expertise médicale pour déterminer la filiation paternelle de l'enfant. Les médecins admettent généralement la possibilité, sinon de la *superfétation*, au moins de la *surconception* ou *superfécondation*. Il aurait été observé à diverses reprises qu'une femme déjà enceinte peut concevoir une seconde fois, que dans ce cas, les deux accouchements peuvent se produire à un intervalle assez considérable, cinq ou six mois par exemple. Voyez sur ce point : Briand et Chaudé, manuel de médecine légale. 10e édition p. 206. — Hoffmann, professeur à la faculté de Vienne, nouveaux éléments de médecine légale, pages 123-126. — Ce dernier auteur nous cite même un cas dans lequel la question s'est posée au point de vue juridique. Une femme désolée d'une longue stérilité, et ne se croyant pas enceinte avait présenté un enfant étranger comme étant le sien.

pothèse que la loi n'a pas prévue, qui ne rentre même pas dans son texte, mais que le simple bon sens suffit à résoudre.

219. — Il existe, relativement à l'enfant naissant après la dissolution du mariage, une controverse aussi célèbre qu'inextricable. Les glossateurs et les anciens commentateurs des pandectes l'avaient tous discutée à propos de la présomption de paternité du mari. Les rédacteurs du Code n'ont pas cru nécessaire de la trancher. Voici dans quelle hypothèse elle se présente.

Il faut supposer qu'après la dissolution du mariage la femme convole à de secondes noces avant l'expiration des dix mois exigés par l'art. 228 [1]. Si après avoir contracté cette nouvelle union, elle vient à accoucher à un terme tel, qu'il se trouve compris dans les trois-cents jours de la dissolution du premier mariage, mais après le cent-quatre-vingtième de la célébration du second, l'enfant, en vertu des art. 314 et 315, peut être attribué également à chacun des deux maris ; deux présomptions d'une force égale se trouvent en présence. Cependant, il est incontestable en fait que l'enfant ne peut avoir qu'un père ; quel sera donc ce père ? Pour le déterminer les jurisconsultes ont discuté longtemps sans jamais s'entendre : les opinions ont été pour ainsi dire épuisées.

Elle accoucha quelque temps après et chercha à faire croire à une superfétation.

[1] Le second mariage ainsi contracté n'est pas annulable, l'empêchement étant simplement prohibitif. Sic : Merlin, Toullier, Duranton, Vazeille, Marcadé, Valette, Demolombe, Aubry et Rau, Richefort, Delvincourt et Proudhon ont cependant soutenu que l'art. 228 créait un empêchement dirimant. La jurisprudence adopte l'opinion contraire : Cass. 29 octobre 1811, Sir., 12, 1, 46.

220. — Certains ont en principe accordé la préférence au premier mari. Il est difficile de voir pour quel motif on donnerait à la première présomption une plus grande force qu'à la seconde. D'autres, et ce sont les plus nombreux, ont prétendu que le second mari doit être toujours présumé le père de l'enfant. Cette paternité serait d'après eux la plus probable. Nous admettrions que cette probabilité existe, si l'enfant est né à une époque voisine de l'expiration du délai de l'art. 315, par exemple, le deux-cent-quatre-vingt-dix-huitième jour après la dissolution du premier mariage. Mais, cela n'arrivera pas nécessairement ; l'enfant aura pu naître plus tôt, et dans ce cas la raison tirée des probabilités n'existera plus. Tant pis pour le second mari, dira-t-on, il a commis la faute d'épouser une femme qui pouvait être enceinte, il doit en supporter les conséquences et subir cette paternité. Cet argument n'est pas concluant, il pouvait produire ce malheureux résultat de nuire à l'enfant en voulant punir le second mari. Il est vrai que le Code Civil fournit une raison plus sérieuse et séduisante au premier abord. On dit, l'enfant est né pendant le mariage, or, c'est à cette circonstance que le législateur attache le bénéfice de la légitimité : il présume issu des deux conjoints tout enfant né pendant leur union (Art. 314 V. infra n° 242). La question se trouve donc implicitement tranchée dans le sens de la paternité du second mari[1].

221. — Il est vrai que la seule naissance d'un enfant, pendant le mariage, a pour effet de le faire présumer l'enfant légitime de ce mariage, alors même que

---

[1] Cette opinion est enseignée par MM. Demolombe, Dalloz, Capuron et Devergie, traité de médecine légale.

sa conception fût antérieure. Mais il ne faudrait pas invoquer ce principe dans une hypothèse à laquelle il ne s'applique pas, et outrepasser ainsi les intentions du législateur. Cette idée a été admise uniquement pour favoriser la légitimité. Elle doit s'appliquer quand un enfant se trouve dans l'alternative inévitable d'être naturel ou légitime. Ainsi, l'enfant, né avant le cent-quatre-vingtième jour du mariage, est considéré comme légitime, tant que le mari ne le désavoue pas. Cette possession provisoire de la légitimité lui vaut l'avantage de l'acquérir définitivement ; si le mari laisse passer le très-court délai pendant lequel il pourrait exercer son action. Mais dans le cas qui nous occupe, il n'existe pas une situation semblable. L'enfant ne se trouve pas dans l'alternative de la légitimité ou de la bâtardise. A quelque mariage qu'il appartienne il sera toujours légitime. Le principe invoqué par les auteurs que nous combattons pourrait tout au plus le faire déclarer provisoirement l'enfant du second mari, mais il n'aurait jamais la force de lui enlever l'action par laquelle il réclamerait la paternité du premier. La présomption *pater is est*, en effet, a été créée en faveur de l'enfant, elle ne saurait être rétorquée contre lui[1].

222. — D'autres auteurs, en présence de cette difficulté presque inextricable, ont attribué l'enfant à la fois aux deux maris. Il pourrait exercer ses droits cumulativement à l'égard de l'un et de l'autre. Cette opinion des anciens commentateurs doit être écartée. Elle est très-certainement contraire à l'esprit de notre loi qui ne saurait admettre qu'un enfant puisse avoir deux pères. Nous la citons dans un intérêt purement historique.

Il en est de même de la suivante. Elle décide que

[1] Aubry et Rau, t. 6, page 41.

la présomption existant à l'égard du second mari et la
présomption s'appliquant au premier se neutralisent et
se détruisent réciproquement ! L'enfant ne pourrait invoquer ni l'une ni l'autre, et se trouverait ainsi réduit
à la condition de *spurius* : il n'aurait pas de père ! Ainsi
d'un côté deux au lieu d'un, de l'autre pas du tout !
Cette dernière opinion tombe dans l'absurde, et l'on
appelle volontiers pour la combattre le simple bon sens
disant avec le personnage de Beaumarchais : on est
toujours le fils de quelqu'un.

Plusieurs autres voulaient que le problème fût résolu au moyen de la ressemblance morale ou physique.
L'enfant d'après eux devait être attribué à celui des
deux maris qu'il rappellerait soit par les traits, soit
par le caractère. Avec cette théorie le juge se trouverait fort embarrassé si l'enfant ne ressemblait à aucun
des deux maris. Il n'existe rien d'aussi fortuit que la
ressemblance, il serait bien téméraire de vouloir en
tirer nécessairement la conséquence d'une paternité
qui pourrait ne pas lui correspondre[1].

---

[1] En admettant que l'enfant né en pareilles circonstances res-
semblât d'une manière frappante au premier mari, les médecins
affirment énergiquement la possibilité de la paternité du second.
L'enfant serait-il mulâtre, alors que le premier mari était un
homme de couleur, et que le second ainsi que la femme sont
blancs, la solution devrait être la même. Cette hypothèse nous
est suggérée par M. Demolombe. Cet auteur se demande s'il y
aurait lieu de permettre au mari blanc de désavouer l'enfant mulâtre né de sa femme blanche comme lui mais préalablement
convaincue d'adultère avec un noir. La question s'était posée autrefois au dire de Mornac et l'on se demandait si *l'illégitimité
n'était pas écrite sur la peau même de l'enfant*. M. Demolombe répond évidemment qu'aujourd'hui le désaveu ne saurait être admis dans cette hypothèse. Il faudrait pour donner une solution
contraire qu'il y eût recèlement de la naissance aux termes de l'art.
313.

223. — Abordons un autre système reposant sur un raisonnement juridique. Il est rentré suivant Blackstone dans le droit positif et tranche la question dans la législation anglaise. Il part de ce principe que la présomption *pater is est* se trouvant établie au profit de l'enfant, celui-ci possède seul le droit de s'en servir. Or, quand une personne a plusieurs droits, et c'est le cas dans notre hypothèse, où deux présomptions militent en faveur de l'enfant, c'est à elle de décider souverainement et sans appel quel est celui dont elle entend faire usage. C'est donc à l'enfant qu'il appartiendra de choisir son père.

S'il a plus d'intérêt à invoquer la présomption qu'il possède à l'égard du premier mari, il réclamera cette paternité ; sinon, il usera de la deuxième présomption à l'égard du second. Ce raisonnement est juridique, nous trouvons même qu'il l'est trop et c'est pour cela que nous l'écartons. Peut être le premier mari est-il resté dans un état de maladie grave, le mettant dans l'impossibilité presque certaine d'engendrer durant la fraction de la période de conception placée dans ce mariage que sa mort est venue dissoudre. Dans ce cas, d'après l'opinion précédente, l'enfant pourrait être admis à réclamer cette paternité ! Ici nous ne l'admettrons point car nous ne sommes plus liés par le texte comme précédemment (supra n° 179-181). Nous prouverons d'ailleurs qu'un pareil système ne se concilie point malgré les apparences avec l'esprit du ·législateur.

224. — En second lieu, il est à craindre qu'il nous amènerait, sous peine d'inconséquence, à attribuer deux pères à l'enfant. Étant donnés les principes sur la chose jugée, celui-ci ne pourrait-il pas invoquer la

première présomption à l'égard du premier mari et la seconde à l'égard du deuxième ? Chacun des deux époux de la femme ou de leurs ayants-cause respectifs, sont censés complétement ignorer ce qui a été jugé relativement aux autres ; c'est pour eux *res inter alios acta* art. 1351. Comme, d'autre part, on accorde à l'enfant le droit de choisir entre les deux présomptions, rien ne l'empêcherait d'opter différemment relativement à chacun des deux époux ou de leurs ayants-cause. Le défenseur actuel de cette opinion[1] n'admet certainement pas ce résultat. Il dit que l'enfant, une fois son option exercée, est réputé par la loi et aux yeux de tous jouir de la filiation qu'il a préférée. Mais est-ce bien logique ? Si l'on part du droit absolu de choisir que posséderait l'enfant, il semble difficile de ne pas admettre que ce droit existe tout entier à l'égard de chacune des personnes intéressées à contester son état. En bon sens et en raison on conçoit que ce système serait inadmissible, aussi s'écarte-t-on du droit pur pour dire que le choix une fois exercé sera consommé à l'égard de tous. Cela démontre précisément qu'il ne faut pas chercher à notre question une solution exclusivement juridique et reposant d'ailleurs sur des principes étrangers à la matière. C'est au bon sens qu'il faut recourir, à la raison, aux probabilités, sans vouloir établir de règle générale. C'est ce que nous allons faire.

225. — Les juges à notre avis seront appréciateurs souverains du point de savoir lequel des deux maris se trouve en réalité le père de l'enfant[2]. Ils pèseront tous

---

[1] M. Laurent, Principes du droit civil français, t. 3.

[2] Sic : Delvincourt, Proudhon et Valette, Duranton, Duvergier, Zachariæ, Massé et Vergé, Marcadé, Aubry et Rau.

les motifs allégués de part et n'autre, examineront les circonstances et les probabilités. Ils pourront se baser sur toutes sortes de raisons de l'ordre expérimental et physiologique, et même ordonner une expertise médicale si le besoin s'en fait sentir.

226. — C'est ici qu'on peut nous attaquer. Ne voyez-vous point, dira-t-on, que vous allez directement contre la volonté du législateur ? Toutes les dispositions de notre titre prouvent qu'il a voulu prohiber à l'avenir de pareilles expertises souvent incertaines et arbitraires. Au moment où le Code était promulgué on venait d'assister à une célèbre dispute entre les médecins (mémoire Petit, *supra* n° 120 et s.) C'est pour prévenir les abus et les incertitudes auxquels ces discussions donnaient lieu que des règles précises ont été posées sur la matière. Dans les hypothèses tranchées et prévues par la loi, nous reconnaissons la force de ce raisonnement et nous n'admettrons jamais d'expertise médicale. Mais la question qui nous occupe est entièrement en dehors des cas prévus par les textes. Ceux-ci repoussent l'expertise quand l'enfant se trouve placé dans l'alternative de la légitimité ou de la bâtardise, quand son résultat aurait pour effet de le faire déclarer naturel ou adultérin. Mais tel n'est point le cas dans notre espèce, l'enfant sera toujours légitime à quelque mari qu'il appartienne. Faisons remarquer de plus que cette expertise médicale qui épouvante certains auteurs peut très-bien, étant donnés les progrès actuels de la science, se trouver très-concluante. Les médecins à la simple inspection de l'enfant peuvent déclarer aujourd'hui si la grossesse a été normale ou si au contraire sa durée a dérogé en plus ou en moins aux règles ordinaires. Il arrivera donc sou-

vent qu'en fait le juge donnera une solution d'une con
formité absolue à la vérité.

227. — D'ailleurs, nous croyons que les rédacteurs
du Code ont eu l'intention certaine de laisser cette
question à l'arbitrage souverain des tribunaux et de
leur permettre d'ordonner telles mesures qu'ils jugeront nécessaires à son éclaircissement. Il n'est pas
possible en effet de songer à un oubli des législateurs
au sujet de cette hypothèse célèbre de la confusion de
part. Elle s'est présentée certainement à l'esprit de ces
jurisconsultes nourris des anciens commentaires. S'ils
ne l'ont point tranchée par un texte formel, c'est qu'ils
ont pensé qu'elle ne pouvait recevoir une solution de
principe et qu'elle devait être laissée tout entière au
pouvoir d'appréciation du juge.

228. — Une question très-délicate se pose encore au
cas où l'enfant né postérieurement au cent quatre-vingtième jour de la dissolution du mariage, mais avant
l'expiration des trois cents fixés par l'art. 315, a été
déclaré par la femme comme illégitime, et que cette
déclaration se trouve confirmée par celle d'un tiers le
reconnaissant régulièrement comme son propre enfant
naturel. Il est, avons-nous dit, légalement possible
que cet enfant ne provienne pas des œuvres du mari,
puisqu'une partie de la période de conception s'est
placée après le mariage. D'autre part la reconnaissance faite par le tiers constitue une présomption de
paternité naturelle à l'égard de ce dernier. Voilà encore deux présomptions en conflit ; laquelle ferons-
nous triompher ? Sera-ce celle de l'art. 312 ou plutôt
celle qui résulte de la reconnaissance de l'enfant ? La
question doit à notre avis se résoudre par une distinction.

229. — Si l'enfant se prévaut de la règle *pater is est* et de l'art. 315 à l'encontre du mari ou de ceux qui se prétendent ses héritiers, nous croyons impossible de ne pas faire droit à sa réclamation. L'art. 315, en effet, a été visiblement inspiré par l'idée dominante de faveur pour la légitimité. On a accordé à l'enfant le droit de se prévaloir de la durée la plus longue des grossesses pour échapper à la bâtardise. Nous nous trouvons donc dans l'hypothèse prévue par le législateur, l'enfant ne veut pas être illégitime. Il se retranche derrière la disposition favorable édictée à son profit, il serait inadmissible de lui en refuser le bénéfice.

230. — Mais il se peut, au contraire, qu'il ne veuille pas de la légitimité et qu'il demande à être déclaré l'enfant naturel du tiers qui l'a reconnu. Ici nous arrivons dans un cas tout différent de celui qui précède et que le législateur n'a point réglé. Les personnes intéressées, par exemple, les héritiers de l'homme, qui a reconnu l'enfant, peuvent-ils répondre à son action en se contentant de lui opposer l'art. 315 ? Peuvent-ils lui dire : vous êtes né dans les trois cents jours de la dissolution du mariage de votre mère, vous êtes donc l'enfant légitime de son mari ? Nous ne l'admettons pas ; l'enfant ne saurait voir invoquer à son encontre une disposition que le législateur a établie en sa faveur. S'il ne veut pas en profiter, libre à lui, mais on ne peut la lui imposer. Cela nous paraît certain malgré le dissentiment de quelques interprètes. Et d'ailleurs on arriverait dans le système qui appliquerait l'art. 315 aussi bien pour l'enfant que contre lui à un résultat singulier. Supposons qu'il soit obligé d'être légitime, qu'il soit nécessairement réputé conçu pendant le mariage. Les héritiers du mari ont le droit d'exer-

cer contre lui l'action en désaveu ouverte par les art. 312 et 313. Si leurs motifs sont sérieux, si le désaveu doit être admis, il faudrait donc déclarer l'enfant adultérin alors qu'il aurait été simplement naturel suivant nous ! Il faudrait méconnaître cette idée indiscutable qu'une partie de la période de conception tombant en dehors du mariage, il est légalement possible que sa conception soit postérieure à la dissolution ! Ce serait arriver à un résultat manifestement contraire à l'esprit du législateur. Retenons donc comme acquise cette vérité que l'art. 315 ne saurait être invoqué contre l'enfant quand il refuse de s'en prévaloir.

231. — Est-ce à dire qu'il doive être nécessairement déclaré l'enfant naturel de l'homme qui l'a reconnu ? Non certes, sans quoi nous aboutirions à une contradiction avec l'art. 339 permettant à tout intéressé de contester la reconnaissance. La solution est entre ces deux extrêmes. Il faudra résoudre cette question comme nous avons résolu la précédente. Dans ce cas, les tribunaux auront un pouvoir d'appréciation. Ils déclareront souverainement si la paternité doit être imputée à l'auteur de la reconnaissance, ou si au contraire celle-ci doit tomber. Ils emploieront tous les moyens de preuve pour arriver à résoudre ce problème. Ils pourront également ordonner l'expertise médicale, car nous nous trouvons encore en présence d'une espèce de confusion de part. S'ils croient que la reconnaissance n'est pas fondée ils donneront gain de cause aux adversaires de l'enfant qui la contestent. Il ne restera plus alors à celui-ci que la filiation résultant de l'art. 315.

Telle est à notre avis la manière de résoudre cette question. Ce résultat paraît logique ; il n'est pas contraire à l'esprit du législateur qui, ne tranchant pas la difficulté, s'en rapporte tacitement à la prudence des tribunaux[1].

232. — Mais ce n'est pas tout ; l'hypothèse peut encore changer de face. Supposez que l'enfant dont nous venons de parler soit légitimé par le mariage subséquent de sa mère avec le tiers qui l'a reconnu, devrons-nous donner les mêmes solutions qu'au cas précédent ? Nous ne le croyons pas car la situation se trouve profondément modifiée. Si nous avons permis à l'enfant de se retrancher toujours derrière l'art. 315, (V. ci-dessus n° 229) c'est uniquement pour lui accorder le moyen d'échapper à la bâtardise. Dans l'hypothèse actuelle cette situation ne se présente plus. L'alternative s'établit entre deux filiations également légitimes ; l'enfant ne sera pas naturel si le bénéfice de l'art. 315 lui est refusé. Nous devons en conséquence résoudre la question exactement comme au cas de confusion de part discuté précédemment. Nous laisserons aux tribunaux le droit d'apprécier si en réalité l'enfant appartient au premier ou au second mari. Il faut évidemment donner la même solution pour ces deux cas, puisque les motifs de décider sont identiques, et que, quelle que soit la sentence, l'enfant jouira des avantages de la légitimité.

233. — Cette dernière hypothèse s'est présentée en jurisprudence. Il s'agissait d'un enfant né deux cent quatre-vingt-trois jours après la dissolution du mariage. Il avait été reconnu par un tiers qui postérieurement l'avait légitimé en épousant sa mère. Cet en-

---

[1] M. Demolombe va plus loin que nous. Il permet aux adversaires de l'enfant de rétorquer contre lui la présomption de l'art. 315.

fant réclama ses droits à la succession du second
mari. Le 9 août 1838 le tribunal de la Seine rendait
un jugement aux termes duquel il était déclaré l'enfant légitime du second mari. Ce jugement fut infirmé
par la cour de Paris. La cour motivait son arrêt sur
ce principe déjà réfuté par nous, que l'art. 315 doit
s'appliquer aussi bien contre l'enfant qu'en sa faveur,
et cela par des motifs d'ordre public et d'intérêt social.
(V. arrêt du 13 juillet 1839. Sir. 39, 2, 274.) La cour
de Cassation fut saisie à son tour de la question et
elle cassa la solution précédente par arrêt du 23 novembre 1842, Sir. 43, 1, 465. La Cour suprême ré-
fute entièrement dans ses attendus le système de la
Cour d'appel et déclare formellement que l'art. 315 ne
saurait être invoqué contre l'enfant. Sur le renvoi, la
Cour d'Orléans par arrêt du 10 août 1843, Sir. 43, 2,
399, admit les motifs et la théorie de la Cour de Cassation. Il résulte de ces différentes solutions que le
juge possède, comme nous l'avons dit, un pouvoir souverain d'appréciation. En effet, les arguments sont ti-
rés des faits de la cause, et particulièrement de celui-ci
que la femme avait vécu, pendant l'année qui précéda
la dissolution, complètement séparée et éloignée de
son premier mari. Il avait existé entre eux une impossibilité presque certaine de cohabitation, et il eût
été contraire à l'équité et au bon sens de ne pas attribuer l'enfant au second mari.

Ces trois décisions sont, à notre connaissance, les
seules qui existent dans cet ordre d'idées.

234. — Enfin, il existe une dernière hypothèse
dans laquelle la présomption *pater is est* peut être
renversée sans qu'il soit nécessaire de recourir à l'action en désaveu. Nous voulons parler du cas prévu par

l'art. 325. Un enfant peut établir sa filiation maternelle, soit en produisant son acte de naissance, soit, s'il a été inscrit comme né de mère inconnue ou supposée, en invoquant la preuve testimoniale dans les conditions fixées par les art. 323 et 324. Or, grande sera la différence suivant le mode de preuve employé. Quand l'enfant apporte un acte de naissance le déclarant né de la femme, sa maternité résulte d'un acte authentique, elle est légalement certaine. Le législateur applique alors dans toute sa force la règle que l'enfant né de l'épouse a pour père le mari. Celui-ci pour renverser cette présomption n'a d'autre ressource que le désaveu rigoureusemeut limité par la loi. Quand, au contraire, l'enfant établit sa filiation maternelle par la preuve testimoniale, la certitude est moins grande. La loi retire à la présomption *pater is est* une partie de son énergie, le désaveu sera admis pour toute espèce de motifs, ou mieux, pour employer les termes du texte : *la preuve contraire pourra se faire par tous les moyens propres à établir... qu'il* (l'enfant réclamant) *n'est pas l'enfant du mari de la mère*. art. 325 [1].

---

[1] On ne saurait dire que l'enfant établit testimonialement sa filiation maternelle, quand, porteur d'un acte de naissance faisant foi de l'accouchement de la femme, il produit des témoins pour faire constater son identité avec l'enfant dont elle est accouchée. Aussi dans ce cas la présomption *pater is est* conserve toute sa force et l'art. 325 n'est pas applicable. Paris, 11 janvier 1864. — Sir. 64, 2, 5. — Bien plus cette solution doit être maintenue quelles que soient les mentions du même acte de naissance au sujet de la paternité. Enoncerait-il l'enfant comme provenant d'un père inconnu ou autre que le mari, peu importe; il reste toujours probant au point de vue de la filiation maternelle. Sic : Duranton, Valette sur Prudhon, Demolombe, Aubry et Rau.

**235.** — Cette disposition moins sévère pour le mari, a été édictée par le législateur à cause de la défiance que lui inspirait la preuve testimoniale. De plus, on a voulu tenir compte de cette circonstance que dans l'espèce le mari est défendeur. Il peut ne s'être jamais attendu à l'action intentée contre lui, n'avoir pas songé en temps utile à rassembler et à conserver des preuves plus convaincantes. Il faut, dans un intérêt d'équité et de faveur pour la défense, lui permettre d'invoquer tous les moyens qui lui resteront encore. Enfin, suivant la pensée de Bigot-Préameneu dans son exposé des motifs : « Lorsque l'enfant n'a « ni possession constante, ni titre, ou lorsqu'il a été « inscrit, soit sous de faux noms, soit comme né de « père et mère inconnus, il en résulte une présomp- « tion très-forte qu'il n'appartient pas au mariage. » C'est précisément cette présomption qui se trouve en conflit avec la présomption *pater is est* et qui lui ravit une partie de la force qu'elle possède dans les cas ordinaires.

**236.** — Néanmoins, une objection a été soulevée contre la doctrine que nous venons d'énoncer. L'art. 325 suppose l'action en réclamation d'état déjà engagée. Le mari peut n'avoir pas été mis en cause sur la question de maternité. L'enfant se sera contenté d'agir contre la mère par lui réclamée. Il est évident que le jugement intervenu dans cette instance ne saurait être opposable au mari, ni donner lieu à aucune présomption à son égard. La chose jugée ne possède qu'un effet limité aux parties en cause, art. 1351. Le mari pourrait donc répondre par toute sorte de moyens à l'enfant qui s'armant de ce jugement et de l'art. 312 l'attaquerait pour faire déclarer sa paternité,

Dans ce cas notre article 325 contient une application du principe posé par l'art. 1351. Mais, ne contient-il que cela ? Précisons. Le mari peut avoir été mis en cause. Quand il y aura eu une seule instance liée à la fois contre lui et la femme, le jugement déclaratif de maternité possèdera la même force à l'égard des deux époux. Du même coup, il assurera la paternité du mari en vertu de la règle de l'art. 312. Mais, la présomption *pater is est* aura-t-elle en ce cas une énergie aussi grande que dans celui où la maternité aurait été directement établie par l'acte de naissance ? Un auteur[1] a répondu affirmativement. Dans cette hypothèse l'action en désaveu serait nécessaire pour infirmer la présomption. On tire même argument du texte en ce sens : *les moyens propres à établir que le réclamant n'est pas l'enfant du mari* ne seraient autre chose que les moyens légaux de désaveu.

237. — On donne encore à l'appui de cette théorie un passage des travaux préparatoires.

L'article primitif du projet était ainsi conçu : « La « famille à laquelle le réclamant prétend appartenir « sera admise à combattre sa déclaration par tous les « moyens propres à prouver non-seulement qu'il n'est « pas l'enfant du père, mais encore qu'il n'est pas « l'enfant de la mère qu'il réclame. » Sur cet article, le Tribunat faisait les observations suivantes : « D'a- « près les diverses observations résultant de l'examen « de cet article, la section a pensé que l'unique objet « de la disposition était de changer la jurisprudence « actuelle sur un cas particulier facile à prévoir. On « cite un exemple : Un individu qui n'a ni possession, « ni titre, réclame contre une famille à laquelle il pré-

---

[1] Malleville sur l'art. 325.

« tend appartenir. Que fait-il d'abord? Il demande
« que sa réclamation soit jugée relativement à la per-
« sonne qu'il dit être sa mère, et dont il soutient être
« né durant le mariage. Si le jugement sur la mater-
« nité ne lui est point favorable, il ne va pas plus
« loin ; il sait que par là tout est décidé ; car, dès qu'il
« n'est point l'enfant de la femme, il ne peut l'être du
« mari ; il ne serait tout au plus que bâtard adultérin.
« S'il parvient, au contraire, à faire juger que cette femme
« est sa mère, il lui suffit, d'après la jurisprudence en-
« core existante, d'opposer, par rapport au père, la
« maxime *pater is est quem nuptiæ demonstrant*. Ce-
« pendant il peut arriver que les parents de la femme,
« soit par négligence, soit par collusion avec le récla-
« mant, aient laissé accueillir une réclamation très-
« peu fondée et que les parents du mari se trouvant
« lésés au dernier point par un jugement dont on
« prétend conclure que le réclamant était l'enfant du
« mari quoiqu'il n'eût été question au procès que de
« savoir s'il était l'enfant de la femme. L'article du
« projet a pour but de parer à cet inconvénient grave ;
« la section ne peut qu'approuver un si juste motif ;
« mais elle pense, en même temps, que pour ne rien
« laisser à désirer sur la clarté du sens et sur la faci-
« lité de l'explication la disposition doit être conçue
« en ces termes. » (Suit la rédaction actuelle de l'art.
325.) Ce passage suppose deux instances échelon-
nées ; le mari est étranger à la première ; on applique
pour le protéger contre des négligences ou des collu-
sions les principes sur l'effet de la chose jugée. L'art.
325 d'après les déclarations de ses rédacteurs ne vise-
rait pas d'autre hypothèse, et ne modifierait aucune
des règles précédemment établies.

238. — Cette opinion n'a pas été suivie. Il est même surprenant de voir invoquer pour la soutenir le texte de l'art. 325. Il n'y a qu'à le lire attentivement pour être pénétré de la généralité de ses termes, et voir qu'il s'applique également, soit quand le mari est partie au procès, soit quand il n'a pas été mis en cause. Qu'il contienne dans cette dernière hypothèse une application des principes sur l'effet de la chose jugée, nous l'admettrons volontiers. Mais il renferme de plus et c'est le point important à notre égard une grande exception aux principes sur la force de présomption de paternité. Il en fait dans le cas déterminé dont il s'occupe, une simple présomption *juris tantum*, sans aucune réserve, et s'évanouissant devant toutes preuves ou présomptions contraires. Le texte même nous fournit un argument péremptoire. Il répète les expressions déjà employées dans l'art. 313 — (premier alinéa.) C'est indiquer de la manière la plus évidente, que, dans l'hypothèse de l'art. 325, le mari n'a d'autres preuves à fournir que celles exigées au cas où il est demandeur après la démonstration de l'adultère de la femme et du recèlement de la naissance de l'enfant.

239. — L'argument tiré des travaux préparatoires ne paraît pas irréfutable. La modification du Tribunat avait pour but de rendre moins vague un article du projet. Dans cet article primitif il est facile de voir que le mari avait le droit que nous lui reconnaissons aujourd'hui. On avait employé une expression générale : *la famille*, pour que personne ne pût en douter. Le Tribunat, songeant surtout à l'une des hypothèses qui pouvaient s'offrir voulut rendre le texte plus précis, mais sans aucune intention d'en atténuer

ou d'en rétrécir la portée. Ce qui le prouve c'est qu'il est encore assez général, pour embrasser également le cas où le mari n'a pas été mis en cause, et celui où il se trouve partie au procès. D'ailleurs, le tribun Lahary, qui connaissait certainement les observations faites par l'Assemblée dont il était membre, avouait clairement dans son rapport que l'art. 325 contient une exception aux principes de la matière : « En réservant ainsi aux parents *soit du père* soit de « la mère la faculté de prouver contre l'enfant qu'il « n'est ni l'enfant de la mère, ni même l'enfant de son « mari, la loi n'a fait qu'établir un principe de justice « fondé sur la réciprocité. Comment, en effet, en don- « nant à l'enfant tous les moyens de prouver son état, « la loi aurait-elle refusé aux parents les moyens de « repousser une prétention qui les dépouillerait de « leurs propriétés, et admettrait parmi eux un être « qui n'appartiendrait pas à leur famille. » [1]

Ainsi, même dans l'hypothèse où le mari a été appelé en cause, où le jugement rendu sur la maternité doit lui être opposable, il ne sera point dans la nécessité de recourir au désaveu pour renverser la présomption *pater is est*; il n'aura qu'à justifier par toute espèce de moyens qu'il n'est pas le père de l'enfant[2]. Voyez

---

[1] Lahary ajoute que dans ce cas les héritiers du mari ont le même droit que lui contrairement à ce qui existait dans l'ancienne jurisprudence. Cela est évident ; il s'agit d'une défense à une action en réclamation d'état qui peut être intentée contre tout héritier du mari.

[2] Quand le mari sera en cause, y aura-t-il lieu à deux instances successives, l'une préalable portant sur la maternité, l'autre destinée à invoquer la présomption *pater is est* après le jugement rendu sur la première ? Assurément non. L'enfant demandera à être déclaré fils légitime des deux conjoints. L'enquête portera sur cette double prétention. Le mari dans la contre-enquête de-

en ce sens : Merlin, Toullier, Duranton, Proudhon et Valette, Massé et Vergé, Marcadé, Demante, Demolombe, Aubry et Rau : Cass. 9 novembre 1809, Sir. 10, 1, 77 ; Cass. 25 janvier 1831, Sir. 31, 1, 112 ; Cass. 13 juin 1865 Sir. 65, 1, 308 ; les Cours d'appel se prononcent également en ce sens.

240. — Le mari est autorisé à invoquer tous les faits propres à justifier qu'il n'est pas le père. En effet, l'enfant cherche à établir sa prétention par toute espèce de preuves et de présomptions, le mari doit se défendre par les mêmes moyens. Il serait impossible d'énumérer tous les faits que le mari pourra invoquer. Tout dépendra des circonstances. Le juge sera appréciateur souverain. Il faudra, pour que la règle *pater is est* puisse être renversée, qu'il soit convaincu d'une sorte d'impossibilité morale de cohabitation qui aurait existé entre les époux au moment de la conception de l'enfant. La présomption de paternité subsiste tant que cette preuve n'est pas faite, et que les faits invoqués sont insuffisants. Ainsi il est bien certain que l'adultère de la femme n'engendrerait pas une présomption assez grave pour faire rejeter la réclamation de l'enfant. Il faudrait qu'il fût accompagné de circonstances propres à faire présumer la non-paternité du mari. Reportons-nous d'ailleurs sur ce point à ce que nous avons déjà dit sous l'art. 313. (Supra n° 203.)

vra contredire les allégations du demandeur, tant au point de vue de la maternité qu'à celui de la paternité ; s'il s'en tenait seulement au premier, il pourrait se trouver forclos et non admissible à établir sa non-paternité. V. Demolombe t. 5, page 262 et plusieurs arrêts de la Cour de Caen rapportés par lui.

# CHAPITRE III

DES ENFANTS CONÇUS AVANT OU APRÈS LE MARIAGE.
LEUR SITUATION AU POINT DE VUE DE LA PATERNITÉ

## SOMMAIRE

241. — Observation préliminaire.

*Section I<sup>re</sup>. — Enfants conçus avant et nés pendant le mariage.*

242. — L'enfant né avant le cent quatre-vingtième jour du mariage est provisoirement légitime.

243. — Raison juridique de ce principe.

244. — Probabilité de la paternité anté-nuptiale du mari.

245. — La présomption provisoire de paternité du mari ne tombe que devant une action en désaveu, art. 814.

246. — Cette action ne pourrait plus être exercée si le mari avait préalablement reconnu sa paternité.

247. — Première fin de non-recevoir de l'art. 314.

248. — Suite.

273. — Suite.

274. — Mais cet enfant ne pourrait participer aux successions auxquelles la légitimité lui donne droit, quand elles se sont ouvertes avant le mariage, quoiqu'il fût déjà conçu.

275. — Cette solution n'est pas contradictoire avec les précédentes. — Jurisprudence et doctrine sur ces divers points.


### Section II. — Enfant conçu après le mariage.

276. — Cet enfant n'est pas illégitime de plein droit.

277. — Raison de cette théorie.

278. — L'enfant en possession de la légitimité jouit de la présomption *pater is est.*

279. — Les héritiers du mari peuvent ne pas contester son état.

280. — Ils peuvent même renoncer expressément à leur action.


241. — Occupons-nous maintenant des enfants dont la conception se place d'après les données légales, en dehors du mariage. L'art. 312 nous disait : « L'enfant conçu pendant le mariage a pour père le « mari. » Devrait-on, prenant la proposition contradictoire de ce texte, proclamer que la présomption de paternité n'existe plus et ne saurait se rencontrer, quand la conception a été soit postérieure, soit antérieure à l'union conjugale? Le Code n'a point admis cette théorie qui pourrait se soutenir en législation. Nous allons retrouver ici la présomption de paternité. Mais, elle se trouve singulièrement affaiblie. Elle sub-

siste pour ainsi dire à l'état provisoire ; il suffit d'en demander le renversement pour que le juge ne puisse refuser de le prononcer et qu'elle s'évanouisse aussitôt. Ce système, comme nous le verrons bientôt, se justifie entièrement.

Nous avons à parcourir deux hypothèses bien distinctes. Celle où l'enfant est conçu antérieurement au mariage et celle où il n'est conçu qu'après. De là, une division toute naturelle pour le présent chapitre.

## SECTION I

**Des enfants conçus avant, mais nés pendant le mariage.**

**242.** — L'enfant qui naît pendant le mariage, quoique sa conception soit antérieure, jouit de très-grands avantages relativement à ceux qui n'ont pas le même sort. La légitimité parfaite ne peut évidemment exister qu'à la condition que la conception de l'enfant se place pendant la durée de l'union conjugale. Néanmoins, le législateur répute provisoirement légitimes les enfants simplement nés pendant le mariage. Cela résulte de la rubrique du chapitre premier de notre titre au Code Civil : « *de la filiation des enfants légi-* « *times ou nés dans le mariage.* » Les travaux préparatoires sont d'ailleurs très-explicites sur ce point. Après des discussions assez étendues on admit au conseil d'état que « la naissance de l'enfant et non sa « conception faisait son titre » M. Regnaud de S<sup>t</sup> Jean d'Angely qui avait prononcé ces paroles, ajoutait quand il s'agissait de déterminer quel enfant serait légitime : « donc il ne faut pas dire né, *il ne faut pas dire conçu pendant le mariage, il faut dire né depuis le mariage contracté.* » D'ailleurs si nous éprouvions un doute, l'art. 314 devrait le faire évanouir complètement puisqu'il applique à l'enfant conçu avant le mariage la présomption de paternité légitime et s'occupe de l'action qui doit la renverser. Le système du Code repose sur des arguments tant juridiques que rationnels d'une très-grande force.

243. — Si l'enfant conçu avant, mais né pendant le mariage, est provisoirement légitime, c'est qu'il est en possession de la légitimité. Or, les effets juridiques de la possession sont connus. Celui qui peut l'invoquer est présumé jusqu'à preuve contraire, propriétaire du titre ou de la qualité qu'il possède. La preuve doit être faite contre lui par celui qui conteste son titre. Si ce titre n'est contesté par personne, il s'affermit et la possession conduit généralement à l'acquisition du droit qu'elle faisait simplement présumer. C'est ce qui arrive pour l'enfant dont nous nous occupons. Il est présumé légitime jusqu'à preuve du contraire faite contre lui. Si personne ne l'attaque dans les délais déterminés par l'art. 316 son titre se confirme et il devient légitime dans l'acception parfaite de ce mot.

244. — La raison corrobore entièrement ces principes. Il se peut très-bien, il arrive même assez fréquemment que la grossesse antérieure de la femme provienne des œuvres du mari, qu'elle soit la cause même du mariage. Il serait injuste dans ce cas de frapper l'enfant de bâtardise, de permettre au mari,

auteur de la conception, de le désavouer et de le chasser de la famille. L'enfant naturel, né antérieurement au mariage, devient légitime par l'union subséquente de ses auteurs. Comment priver l'enfant qui n'est pas encore né au moment de la célébration d'une faveur au moins analogue. Cela posé, on présume ce qui est le plus favorable à l'enfant, c'est-à-dire que le mari est l'auteur de sa conception, qu'il a épousé sa mère durant la gestation à la seule fin de légitimer l'enfant dont elle était enceinte. Mais cette présomption est d'une très-grande fragilité, elle peut tomber sur la simple affirmation du mari. Le législateur a pensé que ce dernier ne rejetterait point l'enfant, alors que sa paternité serait possible.

245. — L'action par laquelle le mari va faire tomber cette présomption provisoire est une action en désaveu. L'art. 314 le dit formellement [1]. De plus il résulte de ce que nous venons d'exposer que ce désaveu est péremptoire. L'art. 314 exige une simple affirmation de la part du mari. Il lui suffit de prouver que l'enfant est né avant le cent quatre-vingtième jour du mariage. Cette démonstration faite, et le mari concluant à l'illégitimité de l'enfant, le juge se trouve dans l'obligation stricte de la prononcer et de renverser la présomption de paternité qui avait subsisté jusqu'à ce moment,

246. — Il pourrait arriver cependant que la paternité du mari fût à peu près certaine. Supposons qu'il en eût fait l'aveu expressément ou implicitement; serait-il admis dans cette hypothèse

---

[1] Il faudra en conséquence appliquer ici les art. 316 et suivants déterminant la qualité des personnes qui peuvent l'intenr et les délais qui leur sont assignés à cet effet.

à user du bénéfice que lui confère l'art. 314 et à
venir contredire sa conduite en affirmant sa non-
paternité? Pourrait-il en un mot désavouer l'enfant? La loi n'aurait jamais consacré l'affirmative.
L'aveu du mari ne peut être révoqué aux termes
de la règle posée dans l'art. 1356[1] ; il formera contre son action une fin de non-recevoir absolue.
L'art. 314 confirme clairement cette solution. Il indique plusieurs hypothèses dans lesquelles le mari est
considéré comme ayant avoué sa paternité ; il édicte
pour ce cas la non-recevabilité de son action : art.
314 : « L'enfant né avant le cent quatre-vingtième jour
« du mariage, ne pourra être désavoué par le mari,
« dans les cas suivants : 1° s'il a eu connaissance de la
« grossesse avant le mariage ; 2° s'il a assisté à l'acte
« de naissance, et si cet acte est signé de lui ou con-
« tient sa déclaration qu'il ne sait signer ; 3° si l'en-
« fant n'est pas déclaré viable. »

Nous allons parcourir ces diverses fins de non-recevoir et examiner plusieurs questions qui se posent sur
cet article.

**247.** — 1° — *Si le mari a eu connaissance de la
grossesse avant le mariage, il ne pourra* désavouer
l'enfant. « La loi présume alors, disait M. Bigot-Préa-
« meneu au corps législatif, que le mariage accompli
« a pour but de réparer une faute ; qu'un pareil hymen
« n'eût jamais été consenti si le mari n'eut été per-
« suadé que la femme portait dans son sein le fruit de
« leurs amours ; et lorsqu'il a eu dans la conduite de
« sa femme une telle confiance, qu'il a voulu que

---

[1] L'art. 1356 dit aussi que l'aveu peut être révoqué pour cause
d'erreur de fait. Nous verrons si l'erreur de fait ne se rencontrerait pas dans notre hypothèse, infra n° 237 et suiv.

« leurs destinées fussent unies, comment pourrait-on
« l'admettre à démentir un pareil témoignage? » Il
est impossible de mieux justifier la disposition que
nous étudions. Mais un point paraît délicat, c'est celui de savoir de quelle manière on pourra prouver que
le mari connaissait la grossesse. La question fut discutée assez sérieusement pendant les travaux de confection du Code. Il avait même été arrêté et inséré
dans le projet que cette preuve devrait résulter d'écrits
émanant du mari. Cette décision était bien rigoureuse.
La fin de non-recevoir n'aurait pu être admise que
dans des cas excessivement rares. Aussi, le projet fut
modifié sur la demande de M. Boulay. On permit de
faire cette preuve par tous les moyens possibles.

248. — On s'est demandé néanmoins si l'on peut
invoquer pour faire cette preuve le commerce intime
qui aurait régné avant le mariage entre les futurs
époux. Certains auteurs[1] l'ont nié, sous le prétexte
que l'art. 340, défendant la recherche de la paternité,
défend, par là même, l'articulation des faits de fréquentation dont elle peut résulter. D'autres[2] l'ont affirmé
et sont arrivés à poser en principe que s'il a existé des
relations intimes entre les futurs conjoints, le mari
est entièrement présumé avoir eu connaissance de la
grossesse.

Il semble plus rationnel d'adopter une opinion intermédiaire. D'une part, les relations intimes peuvent
être produites comme des preuves. L'art. 340 n'y fait
point obstacle. Les faits de fréquentation ne sont point
allégués pour prouver directement la paternité du

---

[1] Proudhon.
[2] Toullier, Richefotr.

mari. On se propose d'apprendre par leur moyen s'il connaissait ou non la grossesse de sa femme.

D'autre part, l'existence de ces relations intimes n'a point pour effet nécessaire de faire présumer que le mari avait connaissance de l'état de sa future épouse. Cette présomption n'est pas dans la loi et se trouverait parfois démentie par les faits. Qui pourrait dire, si la femme abandonnée par un amant et connaissant son état, n'a pas cherché à compromettre un homme ignorant de ce fait, pour arriver ainsi à se faire épouser avant que sa honte apparût au grand jour ?

Mais il faut reconnaître que l'existence de ce commerce antérieur crée à l'encontre du mari une présomption fort grave. Si cette présomption concorde avec d'autres allégations produites, le juge pourra l'admettre aux termes de l'art. 1353. Il doit apprécier d'après son intime conviction et son appréciation est définitive ; elle échappe à la censure de la Cour suprême.

249. — 2° — *Si le mari a assisté à l'acte de naissance ou si cet acte est signé de lui ou contient sa déclaration qu'il ne sait signer.*

« Comment, en effet, est-il dit dans les travaux « préparatoires, le mari pourrait-il revenir contre sa « propre déclaration donnée dans l'acte même destiné « à constater l'état civil de l'enfant ? »

La pensée du législateur se manifeste clairement ; le mari, en déclarant la naissance de l'enfant, en signant l'acte constitutif de son état, reconnaît par là-même sa paternité. Il est donc mal venu à la dénier ensuite. Le législateur accepte pour l'enfant cette reconnaissance tacite et la rend irrévocable.

250. — Mais, pour que cet aveu existe, il faut que

le mari ait joué un rôle dans la confection de l'acte.
Il faut qu'il ait été soit déclarant, soit témoin. La
suite de la phrase l'indique, car elle suppose que le
mari a été appelé à donner sa signature. La présence
matérielle à la rédaction de l'acte ne suffirait donc pas
pour qu'on puisse lui opposer la fin de non-recevoir [1].
Il est encore plus certain que le désaveu serait admissible, si le mari n'avait concouru à l'acte que pour pro-
tester contre sa paternité, ou réserver son droit à
demander le désaveu contre l'enfant. Il serait impossible de soutenir en pareille occurrence qu'il s'est reconnu le père. Bien au contraire, il ne s'est présenté
que pour indiquer par ses protestations qu'il était dans
l'intention de désavouer l'enfant [2].

251. — Il pourrait subsister un doute dans l'espèce
suivante. Le mari assiste en réalité à l'acte de naissance ; mais la rédaction de cet acte est contradictoire,
incompatible avec sa paternité. Ainsi, c'est un tiers
qui est désigné comme étant le père de l'enfant. Cette
hypothèse rentre à notre avis dans la précédente. Le
mari, non content de s'en tenir à une simple protesta-
tion contre la paternité que la loi lui attribuerait, pousse
la précaution jusqu'à donner le nom de celui qu'il
croit être le véritable père. Sans doute cette déclaration ne possède aucune force effective, mais elle indique
l'esprit dans lequel l'acte de naissance est signé
par le mari. Elle montre qu'il nie énergiquement que
l'enfant soit issu de ses œuvres. Comment donc ne
pas admettre son action en désaveu ?

Si le mari déclarait dans l'acte que l'enfant est né
de père inconnu, la solution devrait être la même. Le

[1] Sic : Demolombe, Zachariæ, Demante, Aubry et Rau.
[2] Sic : Demolombe, Zachariæ, Aubry et Rau.

mari entend par là qu'il n'est pas le père et qu'il veut conserver le droit de réclamer.

252. — 3° — *Si l'enfant n'est pas déclaré viable.* Rien de plus juste que cette décision, quel intérêt le mari aurait-il à déshonorer sa femme ? L'enfant né dans des pareilles conditions n'a jamais eu d'existence légale, il n'a été susceptible d'aucun droit. On ne comprendrait pas que le mari voulût intenter une action aussi grave alors qu'il n'y aurait aucun intérêt. D'ailleurs une autre raison s'y oppose. La loi posant des chiffres sur la durée des grossesses s'est placée au point de vue de la marche ordinaire de la nature. Or, le cas de non-viabilité est un cas absolument extraordinaire et tombant entièrement en dehors des règles tracées. C'est peut-être parce que la gestation a été plus courte que les cent quatre-vingts jours édictés par l'art. 314, que l'enfant a été vicieusement conformé. Le législateur ne pouvait appliquer à une hypothèse extraordinaire les règles normales que la science lui avait fournies.

253. — Les mêmes raisons s'appliquent évidemment dans tous les cas où le désaveu peut être intenté, par exemple dans celui de l'art. 312 ou de l'art. 313. Qui nous dit que la période de conception n'a pas été plus étendue, si l'enfant n'est pas né viable ? De plus quel intérêt pourrait avoir le mari ? Certains auteurs prétendent cependant que dans le cas de l'art. 312 le mari possède un intérêt à désavouer l'enfant qui n'est pas né viable. Cet intérêt consisterait en ce que une fois le désaveu prononcé, l'adultère de la femme en résulterait nécessairement, et le mari pourrait demander la séparation de corps pour cette cause. Cette raison n'est pas bonne. Le mari pourra très-certainement de-

mander la séparation pour cause d'adultère en prouvant ce délit par toutes sortes de moyens. Il pourra
s'appuyer sur la naissance d'un enfant non viable, alors
qu'il s'est trouvé dans l'impossibilité physique de l'engendrer, cela est de toute évidence. Mais, est-il nécessaire pour cela de recourir à l'action en désaveu ?
d'intenter une procédure contre un être qui n'a jamais
eu d'existence légale, contre le néant juridique ? Évidemment non ! L'action en désaveu ne saurait être
admise relativement à l'enfant non viable conçu et né
pendant le mariage pas plus que relativement à celui
qui a été conçu avant sa célébration.

254. — Comment sera constatée la non-viabilité de
l'enfant ? La loi ne s'en explique pas, mais les travaux
préparatoires le font comprendre. Il faudra employer
la voie de l'expertise médicale. Les rédacteurs du Code
s'appliquaient en général à éviter ces constatations
scientifiques et toutes leurs incertitudes. Dans l'espèce
présente, ils ont accepté cette expertise comme pis-
aller et à leur corps défendant, car ils ne pouvaient
guère agir d'autre manière.

Écoutons en effet Duveyrier : « On a cherché à
« éviter les vérifications, les déclarations de viabilité
« et toutes les difficultés, tous les procès qu'engendrera
« l'état physique d'un enfant que deux intérêts oppo-
« sés jugeront bien et mal constitué. On a cru qu'un
« enfant apportait lui-même en naissant et dans le
« cours plus ou moins borné de son existence la preuve
« suffisante de sa parfaite ou imparfaite constitution.
« On pensait en conséquence qu'en fixant le terme le
« plus prolongé d'existence que pouvait parcourir un
« enfant imparfaitement organisé, on rendrait toute
« décision plus prompte et plus sûre ; et l'on aurait pu

« décider dans ce sens que le désaveu du mari ne se-
« rait point admis, si l'enfant mourait dans les dix
« jours de sa naissance [1], mais on établissait une lutte
« bien dangereuse entre la vie de l'enfant et l'honneur
« de la mère. Il fallait que l'enfant mourût dans les
« dix jours pour que la mère vécût sans honte et sans
« reproche. De là, la crainte ingénieuse mais vraisem-
« blable, qu'une négligence affectée ou des moyens
« plus coupables peut-être ne vinssent suppléer à l'im-
« perfection supposée de la nature et porter une in-
« fluence fatale sur la vie de l'enfant... »

On le voit, l'expertise médicale a été adoptée par
nécessité et pour ce motif que le projet primitif, s'il
arrivait à l'éviter, pouvait compromettre l'existence
même de l'enfant.

255. — Que dire de l'enfant qui naît sans vie, quoique bien conformé. Il est de toute évidence qu'il ne
faut pas permettre au mari de le désavouer. Comme
l'enfant non-viable, il n'a jamais eu d'existence juridique. Supposons, au contraire, que l'enfant naisse
vivant et viable, mais succombe très-peu de jours
après sa naissance. Ici nous devons de toute nécessité
donner une solution différente. L'action en désaveu
devra être admise. Elle pourra d'ailleurs avoir une
utilité, puisque l'enfant a joui de la capacité juridique
et que des droits ont pu se fixer dans sa personne et
être transmis par lui. Le texte nous commande impérieusement cette solution : la règle reprend son empire, car nous n'avons plus en notre présence un enfant non-viable.

---

[1] Tel était le système du projet. Le Tribunat demanda, lors de
la communication officieuse, la substitution du texte actuel à la
rédaction primitive.

256. — Voilà les fins de non-recevoir édictées par l'art. 314. Mais immédiatement se pose une question : l'énumération donnée par cet article est-elle limitative ou simplement énonciative ? Pourrait-on, en d'autres termes, pour démontrer que le mari avait connaissance de la grossesse avant le mariage, invoquer d'autres présomptions ou d'autres faits que ceux qui se trouvent indiqués aux paragraphes 1 et 2 de notre article?

Il faut répondre affirmativement, sans quoi nous serions amenés à dire, qu'une renonciation expresse du mari à son action n'entraînerait pas contre lui une fin de non-recevoir, pour le cas où il reviendrait sur sa première résolution. La loi veut que le mari ne puisse intenter le désaveu s'il a reconnu sa paternité. Elle donne à titre d'exemple deux cas dans lesquels un aveu tacite se rencontre. Elle permet de l'induire de tous autres faits ou circonstances. Néanmoins, dans les cas autres que ceux du 1° et 2°, prévus par le législateur, le juge possèdera un pouvoir d'appréciation. Ce droit portera sur le point de savoir si les faits allégués constituent un aveu de paternité ou permettent de le présumer. Ce point établi, la fin de non-recevoir le sera elle-même.

257. — Si l'une de ces fins de non-recevoir se trouve établie, le désaveu du mari fondé sur l'art. 314 n'est plus recevable. Celui-ci pourrait-il alors intenter une action en désaveu fondée sur l'art. 312 et prétendre qu'il était au moment de la conception de l'enfant dans l'impossibilité physique de cohabiter avec la mère? Cette question s'est présentée devant la Cour de Cassation qui l'a tranchée dans le sens de la négative, suivant arrêt du 28 décembre 1869 (D. 70, 1, 145.)

Au premier abord la théorie de la cour suprême paraît exacte. L'on conçoit difficilement que le mari puisse ainsi revenir sur une reconnaissance de sa paternité. Il connaissait la grossesse de la femme, il l'a épousée pour réparer une faute et légitimer l'enfant à naître. Comment après cela lui permettre de changer d'avis et de dénier à l'enfant cette légitimité qu'il a tout fait pour lui procurer.

258. — Néanmoins, dans une note insérée sous cet arrêt au recueil de Dalloz, un savant jurisconsulte[1] a combattu la doctrine de la Cour de Cassation, et cela victorieusement à notre sens. Nous prenons la liberté de citer quelques passages de cette dissertation : « L'impossibilité accidentelle de cohabitation établie renverse la présomption légale de légitimité. Et si cette cause de désaveu peut être opposée à l'enfant conçu et né pendant le mariage, comment en serait-il autrement pour l'enfant né seulement pendant le mariage. Il peut bien avoir le mari pour père. Mais la probabilité est bien moins forte puisque la paternité du mari ne devient certaine que si, par son silence, il se reconnaît l'auteur de la paternité anté-nuptiale.

« Objectera-t-on le texte de l'art. 314 ? Sans doute, en épousant la femme qu'il sait enceinte, le mari se reconnaît le père de l'enfant qu'elle porte. Encore faut-il, cependant, pour que cette supposition soit fondée, que la grossesse connue soit celle dont il peut se croire l'auteur. Si, en supposant la date de la naissance, il découvre que la conception remonte à une époque antérieure à celle des relations qu'il a eues avec la mère, on ne peut pas dire qu'il ait, en réalité, con-

---

[1] M. Beudant.

naissance de la grossesse, de celle du moins dont l'accouchement prématuré est le terme. D'ailleurs l'art. 314 n'est pas commun à tous les cas de désaveu, il n'a trait qu'au désaveu péremptoire motivé sur une conception antérieure au mariage. La fin de non-recevoir n'est opposable au mari, que s'il invoque la cause de désaveu relevée par l'article même et non s'il invoque des causes de désaveu autorisées par d'autres articles, notamment par l'art. 312. N'est-ce pas un singulier procédé d'interprétation, que d'étendre un texte spécial, dans le seul but d'arriver à faire prévaloir une présomption que l'évidence physique et légale condamne, à imposer comme légalement certain, ce qui est physiquement impossible.

« Plus vainement encore on objectera que la connaissance par le mari de la grossesse de la femme lors du mariage implique un aveu de paternité et que cet aveu est exclusif de la preuve contraire. L'art. 1356 autorise formellement quiconque a fait un aveu à le révoquer s'il a été la suite d'une erreur de fait. Dans l'espèce, cette erreur n'est-elle pas surabondamment prouvée par l'impossibilité physique ultérieurement découverte de la chose avouée ?

« Aucune présomption ne peut prévaloir contre la certitude acquise du contraire : il serait vraiment étrange que la présomption de paternité subsistât, alors qu'elle aboutit à la négation de la loi physiologique qui lui sert de fondement. La fin de non-recevoir que l'art. 314 élève ainsi contre l'action en désaveu équivaut, ni plus ni moins, à celle qui résulte de la reconnaissance formelle de l'enfant. Or, il est unanimement admis que si la reconnaissance a été l'effet d'une surprise, la preuve de cette surprise lui enlève toute force.

De même que toute manifestation de volonté, l'aveu de paternité cesse d'être valable, conformément à l'art. 1109, quand il a été fait par erreur, extorqué par violence ou surpris par dol. »

259. — Toutes ces raisons qu'il serait impossible de mieux présenter, paraissent absolument sans réplique. Voilà bien le véritable système. Cela résulte d'ailleurs de nos explications antérieures. La présomption de paternité subsiste au cas de conception ayant précédé le mariage, mais elle est notablement modifiée dans sa force. Elle reste à l'état provisoire. Quand l'une des fins de non-recevoir est établie, que se produit-il? De provisoire la présomption devient définitive, elle acquiert la même force que celle qui protège l'enfant conçu et né pendant le mariage. Mais ne serait-il pas étrange de lui accorder une force supérieure? Si dans les hypothèses du chapitre précédent la présomption peut être renversée par la preuve de l'impossibilité physique de cohabitation, il faut absolument, et sous peine d'absurdité, qu'il en soit de même dans l'hypothèse présente.

260. — On objecte que la solution de la Cour Suprême est « justifiée par le désir que le législateur a pu « avoir de défendre ces distinctions et ces recherches « dont la morale publique ne fait que gémir, de les dé- « fendre toutes les fois finalement que le mari a épousé « sciemment une femme enceinte au moment du ma- « riage[1]. » Cette objection est insuffisante. Le législateur a accepté ces inconvénients de l'action en désaveu quand la justice lui en faisait le devoir. Il a préféré ce mal à celui qui serait résulté de l'intrusion évidente d'un étranger dans la famille.

[1] M. Demolombe.

261. — Une nouvelle question vient se poser. Le mari désavoue l'enfant, aucune fin de non-recevoir n'est opposable contre son action. Serait-il possible alors de prouver contre le mari qu'il est le père de l'enfant? Il faut, sans aucune hésitation, adopter la négative. Cela résulte de l'art. 340. Exceptionnellement, il est vrai, la loi permet la démonstration de la paternité, au moyen de certaines présomptions rigoureusement déterminées (art. 312 et 336). Mais en principe, la preuve directe en est prohibée. La loi la considère comme impossible ; elle avait entraîné des conséquences regrettables à l'époque où elle était autorisée. Les rédacteurs du Code ont voulu, pour ces motifs, la supprimer définitivement[1].

262. — Beaucoup d'auteurs poussent trop loin le raisonnement que nous venons de faire, et disent que cette preuve ne pourra être faite contre le mari, parce qu'il s'agirait, dans l'espèce, d'une véritable recherche de la paternité naturelle expressément prohibée par l'art. 340[2]. Cela paraît inexact. Il s'agit en réalité, dans notre hypothèse, d'une recherche de paternité légitime puisque, si la paternité du mari était avouée ou prononcée en justice, ce qui reviendrait au même, l'enfant serait légitime. Il ne faut donc se servir de l'art. 340 que pour en tirer un argument d'analogie. Cet article défend la recherche de la paternité naturelle à défaut d'une reconnaissance émanée du père. Par identité de motifs, il prohibe la preuve directe de la

---

[1] Les idées se sont un peu modifiées sur ce point. Un projet de loi permettant la preuve directe de la paternité dans certaines hypothèses a été soumis dernièrement au législateur. Cette réforme paraît cependant ne pas devoir aboutir encore.

[2] V. Aubry et Rau §. 545 note 30, Demolombe t. 5 n° 78.

paternité légitime. Cette recherche ne peut s'effectuer qu'à l'aide d'un seul moyen : la présomption légale de paternité du mari.

263. — Mais il existe un cas dans lequel nous devrons nous départir de ce principe. Nous voulons parler de l'hypothèse prévue par l'art. 340. 2°. Au cas d'enlèvement, cet article fait exception à la règle et permet, moyennant la réunion de certaines conditions, la preuve directe de la paternité naturelle. Nous devons forcément étendre cet avantage à l'enfant dont nous nous occupons. En effet, il sera légitime s'il fait cette preuve que, très-exceptionnellement, le législateur reconnaît possible. Or, il serait entièrement contraire à l'esprit de la loi de refuser, à un enfant légitime, une faveur qu'elle accorde à l'enfant naturel. Dans cette hypothèse, mais dans cette hypothèse seule, l'enfant pourra prouver que le mari qui le désavoue en se fondant sur l'art. 314, est en réalité l'auteur de sa conception. Il pourra donner cette preuve, soit dans une instance principale, soit dans l'instance même du désaveu, puisqu'il défend par là sa légitimité contre celui qui la conteste.

264. — Nous avons examiné jusqu'ici dans quel cas le mari peut désavouer l'enfant conçu avant le mariage. Il reste à étudier quelle va être exactement la situation de cet enfant, quand le mari n'a pas voulu ou n'a pas pu user du droit que lui confère l'art. 314. Nous avons dit sans insister qu'il était légitime, mais il importe de déterminer un point essentiel, comment est-il parvenu à la légitimité?

Une explication se présente tout naturellement à l'esprit. L'enfant naturel peut, lorsque ses auteurs contractent mariage ensemble, se trouver légitimé par cette union subséquente aux termes de l'art 331. On serait porté à croire que l'enfant conçu avant le mariage arrive à la légitimité par le même moyen. En effet, si ces auteurs ne s'étaient point mariés avant sa naissance, il serait né enfant naturel et par conséquent aurait pu être légitimé d'après les formes légales. La loi n'aura pas voulu le priver de ce bénéfice, au cas où il n'est point encore né au moment de la célébration du mariage : elle le légitime de plein droit. Ce raisonnement paraît, au premier abord, expliquer entièrement la manière dont l'enfant arrive à la légitimité : il est légitimé par le mariage de ses père et mère subséquent à sa conception. Néanmoins, cette manière de voir n'a pas été admise par beaucoup d'auteurs, la jurisprudence elle-même ne l'a pas adoptée dans toutes les hypothèses. Voyons donc jusqu'à quel point elle est fondée.

265. — Cette question présente un grand intérêt à plusieurs points de vue qu'il importe de déterminer.

1er *intérêt.* — Un enfant naturel pour pouvoir être légitimé doit d'abord avoir été reconnu par ses père et mère avant la célébration de leur mariage, art. 331. Dans notre hypothèse il est évident, dit-on, qu'une reconnaissance faite dans les formes de l'art. 334, n'est pas nécessaire. La reconnaissance résulte forcément de l'aveu tacite que le père fait de sa paternité, soit en épousant une femme qu'il sait enceinte, soit en renonçant à exercer le désaveu. Nous voulons bien l'admettre ; mais voici le point délicat. La reconnaissance de l'enfant naturel, aux termes de l'art. 339, peut être contestée par toute personne ayant intérêt à le faire.

Ainsi, voilà un enfant reconnu par deux personnes au moment de la célébration de leur mariage. Après sa légitimation ainsi opérée, un tiers peut contester la reconnaissance faite par le mari. et prouver qu'il n'est pas le père de l'enfant. C'est de toute évidence. En sera-t-il de même .de la reconnaissance tacite résultant dans notre hypothèse de l'aveu du mari? Si l'on regarde l'enfant comme *légitimé*, il paraît impossible de rejeter cette assimilation. Il faut décider que, lorsque le mari aura accepté tacitement ou expressément la paternité de l'enfant né avant le cent quatrevingtième jour du mariage, une tierce personne pourra venir alléguer et prouver qu'il n'est pas le père. Voilà déjà un résultat assez pénible à admettre.

266. — 2° *intérêt*. — L'art. 331 édicte en règle absolue que, l'enfant incestueux ne peut être admis au bénéfice de la légitimation. Supposons, par exemple, qu'un commerce incestueux a existé entre un oncle et sa nièce. Un enfant est issu de ces relations. Postérieurement à sa naissance, ses père et mère obtiennent une dispense et contractent mariage ensemble, tout en reconnaissant l'enfant dans l'acte de célébration. Cet enfant, aux termes de l'article précité, ne pourra point

---

[1] Presque tous les auteurs se prononcent en ce sens. V. Delvincourt, t. 1 p. 219 ; Proudhon, II. p. 164 et 168 ; Merlin, rép. V. légitimation ; Valette et Thieriet, revue de législation, t. 8, p. 37 et 451 ; Duvergier sur Toullier, II, 933 à la note ; Demolombe, t. 5, 352 et 355 ; Bressoles, revue critique, t. 30, p. 199 et t. 31 p. 208 ; Aubry et Rau §. 546, note 15. Ces derniers auteurs citent encore deux arrêts en ce sens : Orléans, 25 avril 1833 ; Sir. 33, 2, 322 ; Douai, 1er juillet 1864, Sir. 64, 2, 182. — En général cependant la jurisprudence est contraire. Elle invoque la force des dispenses obtenues pour la célébration du mariage. Nous croyons que ces dispenses n'ont d'effet que pour l'avenir. Elles ne permettent pas de réputer légitime *ex post facto* un enfant qui doit

jouir du bénéfice de la légitimation. Cette solution s'impose étant donné le texte formel de l'art. 331.[1].

Il en sera par conséquent de même au cas qui nous occupe. L'enfant né avant le cent quatre-vingtième jour du mariage régulièrement contracté entre l'oncle et la nièce ne sera pas légitime, encore que l'action en désaveu n'ait pas été exercée contre lui[1].

267. — 3° *intérêt*. — Enfin, l'art. 331 prohibe également la légitimation de l'enfant issu d'un commerce adultérin. Supposons un enfant né de relations entre un homme marié et une femme autre que son épouse. Postérieurement à la naissance de cet enfant, le mariage de son père est dissous. Celui-ci épouse alors sa complice. Malgré la reconnaissance de l'enfant faite par les deux conjoints avant le mariage, la légitimation ne pourra s'opérer. Il doit en être de même dans notre hypothèse où l'enfant conçu dans l'adultère ne serait pas encore né au moment de la célébration de ce second mariage. Il y a parité de motifs, et l'art. 331

le jour à un commerce incestueux. La loi elle-même n'a pas en principe d'effet rétroactif ; comment voudrait-on accorder une pareille force à un acte qui n'émane pas du législateur, mais simplement du pouvoir exécutif. Quoiqu'il en soit les arrêts sont assez nombreux : Grenoble, 8 mars 1838, Sir. 38, 2, 145 ; Paris, 14 juin 1878, Sir. 59 ; 2, 213 ; Amiens, 14 janvier 1864, Sir. 6'', 2, 11 ; Cass : 22 janvier 1867, Sir. 67, 1, 49 ; Paris, 20 juillet 1867 Sir. 68, 2, 312. — Voyez encore en ce sens : Malleville sur l'art. 331, Toullier, II, 933, Paul Pont, revue de législation, 1850, t. 8, p. 150.

[1]On ne saurait évidemment invoquer, plus dans cette hypothèse que dans la précédente ,la force des dispenses obtenues pour la célébration du mariage. Il paraîtrait surtout impossible de refuser dans l'un de ces deux cas l'effet rétroactif aux dispenses et de le leur accorder dans l'autre. — V. cependant Aubry et Rau §. 545, note 14.

s'impose si l'on admet que ce dernier enfant n'est que *légitimé*.

Devant des intérêts aussi graves et aussi nombreux il importe de donner une solution très-exacte de la question principale.

268. — L'enfant conçu avant, mais né pendant le mariage, est à notre avis légitime. Il arrive à cet état directement, par le simple jeu des principes et non par le secours de la légitimation. Il est placé dans la même situation que l'enfant conçu pendant le mariage.

Il jouit de la présomption *pater is est* et l'on ne peut contester sa filiation qu'au moyen des exceptions apportées à cette règle par le législaleur lui-même.

Cela résulte en premier lieu des travaux préparatoires et de l'intention formelle du législateur.

Nous avons vu (supra n° 241) que *c'est la naissance de l'enfant et non sa conception qui fait son titre.* « Le « caractère de la légitimité, disait Portalis, est propre « à l'enfant qui naît pendant le mariage, soit que cet « enfant ait été conçu avant ou après ; *la loi doit* « *d'abord lui imprimer ce caractère.* » Pourquoi parler de légitimation ? Nulle part il n'est établi un seul rapport, une seule analogie entre cet enfant et l'enfant simplement légitimé. Cela eût été d'autant plus facile, d'autant plus inévitable même, si le législateur avait eu cette intention, que l'art. 331 faisant partie du titre de la filiation était discuté à la même époque que l'art. 314. Il est même arrivé plusieurs fois que l'on a préparé les deux matières dans une seule séance, par exemple, le 13 frimaire et le 29 fructidor an X. Si donc un rapprochement n'a pas été fait entre ces deux hypothèses c'est que le législateur n'a pas voulu le faire, c'est que

l'enfant dont nous nous occupons n'a rien de commun
avec l'enfant légitimé.

269. — L'art. 314 prouve surabondamment la vérité de notre système. L'enfant né avant le cent quatre-
vingtième jour du mariage *pourra être désavoué*. Tel
est le principe. Or, le désaveu ne s'applique et ne peut
s'appliquer qu'à un enfant légitime. Il implique cette
idée que le mari a seul le droit de l'intenter, que ce
droit se périme par un délai très-court, et qu'aucune
autre action en contestation d'état n'est possible à l'é-
gard de l'enfant. Tout cela résulte manifestement de
l'art. 314. Tout cela deviendrait faux s'il s'agissait
d'un enfant légitimé par mariage subséquent. D'ailleurs la base même de l'argumentation paraît manquer
à nos adversaires. L'art. 331 créant la légitimation ne
s'applique qu'aux enfants *nés hors du mariage*. La situation de celui dont nous nous occupons est réglée
au chapitre premier : « de la filiation des enfants légi-
« times *ou nés dans le mariage*. » Il existe dans la loi
une différence profonde entre ces deux catégories d'enfants.

270. — En raison, notre théorie paraît aussi la meil-
leure. Voilà un enfant que le mari consent à adopter
comme son fils légitime en admettant qu'il n'en soit
pas le père. Il serait injuste de permettre à toute personne plus ou moins intéressée de venir contester la
situation qu'il a acquise, grâce au désintéressement du
mari de sa mère.

L'intérêt public exige que cet enfant reste légitime,
ne permettons pas à d'autres qu'au mari de détruire
cette légitimité. Ce premier intérêt de la question signalé précédemment forme donc un argument sérieux,

---

[1] Rationnellement parlant on ne saurait dire que l'enfant né au

quand on le résout dans le sens de notre opinion sur
la question principale [1].

271. — Mais, les autres conséquences du principe
ne vont-elles pas nous en détourner ? L'enfant conçu
à la suite de relations incestueuses dans les conditions
indiquées ci-dessus, se trouvera légitime. Nous sommes
heureux d'arriver à cette solution. Les dispenses sont
venues déclarer que ce commerce pouvait être permis,
qu'il ne constituait pas une atteinte à la morale publique, à l'ordre général. Puisque la situation a pu se ré-
gulariser, l'enfant en profite. N'eût-il pas été infiniment triste de laisser végéter ce malheureux dans la
déplorable condition d'enfant incestueux, alors que
d'autres enfants issus des mêmes personnes auraient
joui des avantages de la légitimité. Nous arrivons à
une solution profondément équitable. Une faute avait
été commise, elle est réparée et l'enfant profite de cette
réparation.

272. — Il faut nécessairement donner la même solution si l'enfant né au commencement du mariage a
été conçu dans l'adultère, c'est-à-dire à une époque où
le premier mariage de son père n'était pas encore dissous (supra, n° 267). La jurisprudence n'a pas osé pousser jusqu'à cette conséquence extrême. Ce résultat est
fortement attaqué et sert d'argument aux auteurs ad-
verses qui adoptent le système de la légitimation. Cependant, l'ordre public est-il grandement intéressé à
ce que l'enfant dont nous nous occupons reste adultérin et ne puisse parvenir à la légitimité ? L'hypothèse se

commencement du mariage arrive à la légitimité par le secours de
la légitimation. M. Demolombe fait remarquer que la loi anglaise
déclare comme nous cet enfant légitime, alors qu'elle n'admet
pas la légitimation par mariage subséquent.

présentera rarement à coup sûr, et ce résultat que nos adversaires appellent scandaleux, sera si peu fréquent au'il passera presque complètement inaperçu. D'ailleurs, le scandale aura été effacé par le mariage intervenu avant la naissance de l'enfant, pourquoi le renouveler en permettant une contestation de légitimité après que la faute sera entièrement tombée dans l'oubli? Pourquoi réduire un enfant à la honte et aux misères de l'adultérinité, alors que la loi ne nous impose pas strictement l'obligation de le faire.

273. — On peut sur ce point raisonner par analogie de l'art. 312. Le mari a pu se trouver dans l'impossibilité physique de cohabiter avec sa femme. Cette impossibilité a pu être évidente et connue de tous. Si le mari ne veut pas désavouer l'enfant mis au monde par son épouse, les tiers ne pourront certainement point contester son état. Nous verrons bien dans ce cas un enfant adultérin jouir des avantages de la légitimité. Pourquoi vouloir donner une solution contraire dans le cas de l'art. 314; quand l'esprit du législateur paraît formellement s'y opposer?

Ainsi déclarons sans hésiter, que l'enfant né avant le cent quatre-vingtième jour du mariage est légitime et non légitimé par le mariage subséquent; né reculons devant aucune des conséquences de ce principe.

274. — Il faut encore préciser un point essentiel. Supposons qu'une succession s'est ouverte avant le mariage, mais durant la gestation de l'enfant. Celui-ci, étant donnée la légitimité que nous lui accordons, aura-t-il le droit d'y participer s'il se trouve en rang utile? Aucun auteur n'a songé à admettre ce résultat.

En effet, l'enfant ne devient légitime que par une fiction de la loi qui, dans son intérêt et malgré l'in-

Vraisemblance du fait, le répute conçu pendant le mariage. Cette fiction s'oppose à ce qu'on présume en même temps cet enfant conçu avant le mariage, pour venir à la succession dont s'agit. C'est en vain qu'on voudrait nous objecter la maxime « *infans conceptus* « *pro nato habetur, quoties de ejus commodis agitur.* » C'est en vertu même de cette maxime que nous donnons la solution présente. En effet, si la loi déclare cet enfant légitime, c'est parce qu'elle veut ignorer une conception qui porterait préjudice à son plus grand intérêt : à son état. Mais il est de toute évidence qu'elle ne saurait donner une solution contradictoire. Elle ne pourrait présumer l'enfant conçu pendant le mariage, eu égard à la question de légitimité, et le réputer conçu antérieurement eu égard aux droits de succession qui s'ouvriraient en sa personne. Elle donne la solution la plus favorable à la question la plus importante, elle la maintient, quoiqu'elle soit nuisible à un intérêt secondaire.

275. — C'est ici qu'on nous accuse de contradiction. La fiction dont vous parlez, s'écrie-t-on, n'est autre chose que la légitimation. Vous appliquerez à l'enfant une conséquence découlant de l'art. 331 et s'expliquant seulement à l'enfant légitimé. Nous ne croyons pas nous contredire. La fiction dont nous parlons ne se confond point avec la légitimation quoique un de leurs effets soit identique. Il s'agit de savoir si l'on doit appliquer à la première tous les effets de la seconde ; dans ce cas seulement elles se confondront. Or, nous soutenons et nous avons prouvé le contraire[1].

---

[1] La jurisprudence paraît bien admettre en principe que l'enfant né avant le cent quatre-vingtième jour du mariage est légitime et non légitimé. Néanmoins, elle n'a pu se résoudre à ap-

## SECTION II

### Enfant conçu après le mariage.

**276.** — En étudiant précédemment la situation de l'enfant conçu avant, mais né pendant le mariage, nous avons reconnu que provisoirement il était légitime et jouissait de la présomption *pater is est*. En sera-t-il de pliquer cette idée au cas où l'enfant a été conçu à la suite des relations nouées entre un homme marié et une femme qu'il a épousée avant la naissance de cet enfant. La Cour suprême a, dans cette hypothèse, prononcé l'adultérinité par deux arrêts du 28 juin 1869, Sir. 69, 1, 447. V. dans le même sens : Dijon, 31 mars 1870, Sir. 78, 2, 147 ; Lyon, 6 avril 1870, Sir. 70, 2, 109. Cependant il existe un arrêt en sens contraire de la Cour de Chambéry, 15 juin 1869, Sir. 70, 2, 214.

Quant aux deux autres conséquences, la Cour de Cassation les a pleinement admises. Ainsi, un des arrêts du 28 juin 1869, déjà cité, a déclaré que l'état de l'enfant ne pouvait pas être contesté par un tiers intéressé, qu'il ne devait s'évanouir qu'en présence du désaveu intenté par le mari. — Elle déclare également légitime l'enfant né dans le mariage entre parents au degré prohibé, mais conçu avant l'obtention des dispenses. Sur ce point on ne peut dire qu'elle adopte notre système ; car en principe elle accorde aux dispenses un effet rétroactif et donne la même solution au cas de légitimation, nonobstant l'art. 331. (V. supra 266, *ad notam*) — Un certain nombre d'auteurs admettent que cet enfant n'est que légitimé : Demante, t. II, n° 37 bis, 2 ; Marcadé, sur l'art. 314 ; Massé et Vergé sur Zachariæ, t. I p. 294 ; Paul Collet, revue critique 1870, t. 26, p. 1 ; Boulanger sur l'arrêt de Grenoble 1er février 1868 (cassé par celui du 28 juin ci-dessus) Sir. 68, 2, 97. — L'opinion que nous avons adoptée est enseignée par : Valette, explicat. som. p. 156; Demolombe, t. 5, n° 57 et suiv. ; Laurent, t. 3 n° 385. — Aubry et Rau marchent avec la jurisprudence et paraissent se contredire, §. 545, notes 9, 12.

14.

même de celui qui vient au monde trois cents jours après la dissolution du mariage? Le législateur a admis l'affirmative. L'art. 315 le démontre puisqu'il suppose que l'enfant est défendeur[1].

De plus, les travaux préparatoires viennent à l'appui de cette opinion. Le premier projet rédigé après le rapport de Fourcroy portait : « l'enfant né 286 jours après la dissolution du mariage, n'est plus présumé l'enfant du mariage. » Dans ce texte l'illégitimité était prononcée *de plano*. Plusieurs membres critiquèrent ce principe ; on proposa de dire : « la loi reconnaît la paternité en faveur des enfants nés postérieurement au mariage. Elle admet contre cette présomption l'exception résultant de la naissance de l'enfant deux cent quatre-vingt dix jours après la dissolution du mariage. » Enfin, cette disposition fut remplacée par la rédaction actuelle de l'art. 315 qui exprime les mêmes idées d'une manière plus concise. Lors de la communication au Tribunat, cette assemblée voulut revenir au premier système et proposer de rédiger ainsi : « La loi ne re- « connaît pas la légitimité de l'enfant né trois cent « un jours après la dissolution du mariage. » Cette modification ne fut pas adoptée par le Conseil d'état, et l'art. 315 resta tel que nous le voyons aujourd'hui. Ces changements successifs révèlent de la manière la plus évidente l'esprit du législateur, et nous confirment dans le sens que nous attribuons à l'art. 315.

277. — Comment, dira-t-on, justifier cette théorie? on comprend qu'un enfant né au commencement du mariage soit déclaré provisoirement légitime ; mais il semble impossible d'accorder le même avantage à celui qui naît deux ou trois ans après la dissolution ! L'idée

---

[1] V. cependant Toullier t. 2, n° 829.

du législateur est très-juste. On part de ce point que l'enfant est en possession de la légitimité, pour lui concéder les avantages conférés au possesseur. Il existe pourtant une différence entre l'enfant né avant le cent-quatre-vingtième jour du mariage et celui qui est né après le trois cent-unième jour de la dissolution. Le premier est toujours en possession de l'état de légitime, parce qu'il naît d'une femme mariée durant le mariage. Le second ne sera pas toujours en possession de cet état, il faudra pour qu'il le soit, que son acte de naissance le désigne comme né du mariage. Cela n'arrivera que lorsque le délai fixé par l'art. 315 sera écoulé depuis peu de temps. La mère, pouvant espérer qu'il soit accepté comme légitime, aura pu l'attribuer à son défunt mari. Mais, quand un long intervalle se sera écoulé depuis la dissolution du mariage, la mère n'aura pas la même pensée. L'enfant sera désigné comme né d'un père inconnu ou autre que le mari.

278. — C'est dans la première hypothèse seulement, qu'il se trouvera en possession de la légitimité, qu'il jouira provisoirement de la présomption de paternité. Mais cette présomption possède encore moins de force que dans la section précédente. L'art. 314 exigeait une action en désaveu pour la renverser, action que le mari seul ou ses ayants-cause peuvent intenter, action limitée dans un délai très-étroit. Ici, il suffira d'une simple action en contestation d'état, ouverte à tout intéressé, prescriptible seulement par 30 ans aux termes de l'art. 2262[1].

---

[1] Ce point pourrait être discuté. On pourrait à la rigueur argumenter en sens contraire de la place occupée par l'art. 315 qui précède les art. 316 et suiv., et dire que l'on doit intenter l'action

Cette différence s'explique parfaitement. Dans la première hypothèse, la paternité du mari était possible, elle était même probable, puisqu'il avait épousé sa femme déjà enceinte. Dans la conjoncture présente, la paternité du mari est impossible ; le mariage a été dissous avant la conception de l'enfant et le plus souvent la mort du mari l'a précédée ; cet enfant ne peut être que naturel.

279. — Mais qu'arrivera-t-il, si les héritiers du mari n'exercent pas cette action en contestation d'état[1] ! S'ils laissent écouler le délai de prescription sans contredire la possession de l'enfant ? Aucun doute n'est possible. Cette possession paisible, publique et continuée pendant les délais légaux le conduit à la légitimité parfaite. Cela résulte nécessairement des principes ; c'est aussi certain dans le cas de l'art. 315 que dans celui de l'art. 314.

280. — Bien plus, ceux qui ont intérêt à contester l'état de l'enfant, ou quelques-uns d'entre eux, peuvent malgré le vice de sa naissance tardive le reconnaître comme légitime et renoncer à l'action que leur confère l'art. 315. Cette reconnaissance, cette renonciation profiteront certainement à l'enfant, mais vis à vis seulement de ceux des héritiers du mari dont elle émane (Art. 1351). Il sera à leur égard réputé pleinement légitime et enfant du mari de sa mère. Sa situation sera

dans les délais fixés par ces derniers articles. C'est ce qu'a fait la Cour d'Agen, le 28 mai 1821, Sir. 22, 2, 107. — Mais à notre avis ce système serait à rejeter. Il ressort des art. 316 et suiv. qu'ils visent l'action en désaveu et ne s'appliquent qu'au mari ou à ses ayants-droit.

[1] Nous savons que s'ils l'exercent, le juge est obligé de prononcer l'illégitimité de l'enfant. *Supra* nᵒ 161 et suiv.

désormais à l'abri de toute attaque de leur part[1].

Il serait d'ailleurs injuste de critiquer ce résultat. Quel mal y a-t-il à ce que l'enfant reste légitime en pareille hypothèse? Cette légitimité ne pourrait causer de tort qu'à ceux qui ont intérêt et par conséquent droit à la faire tomber. Ils gardent le silence, ils renoncent, tacitement ou expressément, à la contester, tout va pour le mieux, l'enfant en profite et la société y gagne.

[1] Demolombe V, 87 ; Aubry et Rau §. 545 (note 38) et les arrêts qu'ils citent: Cass. 13 avril 1820, Sir. 21, 1, 8. Angers, 11 avril 1821, Sir. 22, 2, 177. Cpr. Orléans, 10 août 43, 43, 2, 399. V aussi Duranton t. 3, no 162.

FIN

# TABLE DES MATIÈRES

**Droit romain.**

FIN DE LA TABLE

Imp. DESTENAY, St-Amand.